ZEITSCHRIFT FÜR

Sozialmanagement

Journal of Social Management

Bertuch

Zeitschrift für Sozialmanagement

ISSN 1612-8389

© 2018 by Bertuch Verlag GmbH | www.bertuch-verlag.com

REDAKTION

Antje Genth-Wagner

Die Zeitschrift für Sozialmanagement / Journal of Social Management erscheint zweimal jährlich mit Beiträgen in deutscher und englischer Sprache.
Der Einzelverkaufspreis beträgt 20,– Euro, der Preis für das Jahresabonnement 35,– Euro.

VERLAG UND VERTRIEB

Bertuch Verlag GmbH, Schwanseestraße 101, 99427 Weimar, www.bertuch-verlag.com

TITELBILD

LWL-Museum für Naturkunde/Oblonczyk

HERSTELLUNG

Graphische Betriebe Rudolf Keßner Weimar GmbH, www.graphische-betriebe.de

Inhalt

Vorwort

A us unserer alltäglichen Lebenswelt lässt sich „Technik" nicht wegdenken. Anthropologisch betrachtet lässt sich durch diese Feststellung eine Problemdimension des *Homo technicus* freilegen, die das menschliche Wesen durch Erfindung und Einsatz von Technik resp. Technologien zuallererst ermöglicht: Einerseits ist in der technischen Dimension menschlichen Handelns ein Ausstieg aus den naturalen Zwängen angesprochen, der sich in der Stufenfolge technischer Errungenschaften als Epochen der Menschwerdung aufzeigen lässt. Andererseits steht der *Homo technicus* aber auch für den durch Technologien ermöglichten Zugriff bzw. vermittelten Eingriff in unsere Umwelt, dessen Genese sich in den technisierten Lebenswelten ausdrückt. „Steinzeit" meint also gleichermaßen im Sinne einer *kulturellen* Dimension die Verfügbarkeit von Steinwerkzeugen und den Werkstoff Stein als Leitmedium einer Technikkultur, als auch den dadurch erreichten *technischen* Innovationsgrad, der neue Handlungsmöglichkeiten mit sich brachte. Ein Steinwerkzeug erkennen wir als Artefakt genau daran, dass es die Merkmale (Material, Herstellungsverfahren, Eigenschaften) eines Steinwerkzeuges besitzt. Es wundert daher nicht, dass Definitionen des Technik-Begriffs meist diese zwei Dimensionen – eine kulturelle und eine technische Dimension – freilegen, bspw. „Verfügbarkeit von Mitteln für Zwecke menschlicher Handlungen sowie für die Eigenschaften der Handlungsergebnisse".[1]

In vielerlei Hinsicht sind wir fasziniert von technischen Möglichkeiten und profitieren stark von der Technik. Den Straßenverkehr betreffend haben technische Innovationen (Bremskontrollsysteme, Airbags etc.) zweifelsohne zu einer Verringerung der Unfall- und Verletzungsrisiken geführt. Trotzdem fürchten wir die Risiken und Gefahren eines übermäßigen Einsatzes von Technik und befürchten Kontrollverluste. Dies bezeugt vor allem die rezente Debatte um das sog. autonome Fahren, in der eine offensichtlich tief gründende Skepsis des Menschen gegenüber der sog. „Entscheidungskompetenz" von maschinellen Systemen zutage tritt. Aber auch schon zu Beginn der Computerzeit berührte eine solche Skepsis das wissenschaftliche Selbstverständnis etwa des Informatikers Joseph Weizenbaum. Weizenbaum, erfolgreicher Miterfinder und Konstrukteur der ersten Computersysteme, war entsetzt angesichts der mangelnden Skepsis seiner Zeitgenossen im Umgang mit den neuen technischen Möglichkeiten.[2]

---

1   Mittelstraß, Jürgen (2004): Enzyklopädie Philosophie und Wissenschaftstheorie. Stuttgart, Weimar: J. B. Metzler, S. 214f.

2   Eindrücklich festgehalten ist dies in: Weizenbaum, Joseph. Die Macht der Computer und die Ohnmacht der Vernunft. Frankfurt am Main 1977; und da insbesondere das ethisch ausgerichtete 10. Kapitel, S. 337–366.

Die große Frage, die damals wie heute im Hintergrund steht, ist offensichtlich: Beherrschen wir die Technik oder beherrscht die Technik am Ende doch uns? Da sich diese Frage sinnvoll nur aus menschlicher Perspektive formulieren lässt, ergibt sich hierdurch auch eine ethische Perspektive auf die heutigen technischen Entwicklungen. Insbesondere stellt sich die Frage nach der Möglichkeit eines guten und gelingenden Lebens im Rahmen unterschiedlicher technisierter Lebensbereiche, die Frage nach den (technischen) Mitteln, die wir dazu aufwenden wollen, um bestimmte Lebensstandards aufrechtzuerhalten und zu fördern sowie die Notwendigkeit der Risikoreflexion und Folgenabwägung, die angesichts des Einsatzes von Technik unumgänglich ist.

Der Ausgangspunkt dieses Sonderheftes liegt in einer Ringvorlesung des Zentrums für Wissenschaftstheorie (ZfW)[3] der Westfälischen Wilhelms-Universität Münster. Im Wintersemester 2015/16 wurden unter der Leitfrage „Technisierte Welt – technisierter Mensch?" verschiedene methodische Zugänge und Problemhorizonte in Bezug auf unsere technisierte Lebenswelt vorgestellt: Prof. Dr. Heike WEBER (Bergische Universität Wuppertal) steckte mit „Die Dinge und wir. Technisierte Lebenswelten" den technikhistorischen Rahmen der Betrachtungen ab, dessen philosophische Aspekte von Gregor SCHIEMANN (Bergische Universität Wuppertal) als Fragen nach den „Grenzen der Technisierung in der Lebenswelt?" entwickelt wurden. Eine ethno-komparatistische Perspektive, in diesem Sonderheft als Interview abgebildet, stellte Christoph ANTWEILER (Rheinische Friedrich-Wilhelms-Universität Bonn) vor, der die „Technisierung von Lebenswelten im Kulturvergleich" aufzeigte. Damit war der Übergang in die praktisch-projektivische Dimension der Gestaltung zukünftiger Lebenswelten markiert, in der techniksoziologische Fragestellungen („Steuerung komplexer Systeme. Theoretische Konzepte und empirische Methoden", Prof. Dr. Johannes WEYER, Technische Universität Dortmund), ingenieurswissenschaftliche Forschungsstrategien („Nanotechnologie – Katalysator für interdisziplinäre Forschung & Entwicklung", Prof. Dr. Harald FUCHS, Westfälischen Wilhelms-Universität Münster) und schlussendlich Zukunftsszenarien des Roboterrechtes („Zum Rechtsrahmen der Robotik – heute und morgen", Prof. Dr. Dr. Eric HILGENDORF, Julius-Maximilians-Universität Würzburg) aufgezeigt wurden.

Die Herausgeber danken Frau Antje Genth-Wagner recht herzlich für den Vorschlag, mit dem interdisziplinär breiten Spektrum der Referentinnen und Referenten der Vortragsreihe eine Ausgabe der Zeitschrift für Sozialmanagement zu gestalten. Da uns gerade die lebensweltlichen Aspekte unseres technisierten Alltags interessieren, erscheint uns dieses Medium ideal dafür

---

3   Die Ringvorlesung wurde von Markus Seidel und Matthias Herrgen initiiert und organisiert. Siehe https://tinyurl.com/ya9lvnju.

geeignet, den breiten Bogen von technikphilosophischen, also streng theoretischen, bis hin zu rechtspraktischen Problemen von Zukunftstechnologien abzubilden. Wir haben dazu den Autorenkreis erweitert, um Themen wie „Industrie 4.0" als auch die Welt der Medien einzubinden.

Den Leserinnen und Lesern wünschen wir eine anregende Lektüre!
Ihre Herausgeber

Matthias Herrgen & Nadine Mooren

I. Im Fokus

Allmacht / Ohnmacht. Technik als Kippfigur

Martina Heßler

Abstract:

Ohnmacht ist, wie die Angst, der Ärger oder die Begeisterung, eines der typischen Gefühle, die Menschen gegenüber Technik empfinden. Technik evoziert zwar einerseits das Gefühl der Macht und das Gefühl, die Welt mittels Technik gestalten und beherrschen zu können, andererseits aber auch das Gefühl der Ohnmacht, wenn Technik übermächtig zu werden droht oder nicht kontrollierbar erscheint. Der Artikel unterscheidet verschiedene Ohnmachtsgefühle: erstens, die in der Figur des Golem symbolisierte Angst, die selbst geschaffene Technik könne die Gattung Mensch bedrohen. Zweitens die alltägliche Erfahrung der Überlegenheit der Technik auf einzelnen Handlungsfeldern. Drittens die Angst, der Technik ausgeliefert zu sein sowie viertens die Ohnmacht angesichts des Nichtfunktionierens der Technik. Abschließend wird thematisiert, dass gegenwärtige digitale Technologien den Nutzer/innen zwar das Gefühl der Kontrolle vermitteln, obgleich ihre Verwendung mit einem Kontrollverlust einhergeht. Das heißt, dass hier das Gefühl der Ohnmacht ausbleibt, während Menschen beispielsweise der Verwendung ihrer Daten ohnmächtig gegenüberstehen.

Omnipotence and Powerlessness: The Ambivalence of Technology
Abstract: Powerlessness, just like fear, anger or enthusiasm, is one of the typical feelings that people have about technology. On the one hand, technology evokes feelings of power and of being able to shape and control the world by means of technology, but on the other hand it also gives rise to the feeling of powerlessness when technology threatens to become overpowering or uncontrollable. The article distinguishes different feelings of powerlessness: firstly, the fear – symbolized in the figure of the Golem – that self-created technology could threaten the human species. Secondly, the everyday experience of the superiority of technology in individual fields of action. Thirdly, the fear of being at technology's mercy and, fourthly, powerlessness in the face of non-functioning technology. Finally, it is argued that current digital technologies give users a sense of control, although their usage is accompanied by a loss thereof. This means that there is no feeling of powerlessness here, although people are powerless to use their data, for example.

Riesige Computer, vor denen kleine Menschen stehen; Roboter, die Menschen wegkicken oder hilflose Menschen in ihren übernatürlich großen und stählernen Fingern halten;[1] Menschen, die verzweifelt oder wütend Maschinen traktieren – all dies sind häufige Motive in Karikaturen, Reportagen oder Filmen, mit denen ein Gefühl der Ohnmacht gegenüber Technik thematisiert wird. Ohnmacht ist, wie die Angst, der Ärger oder die Begeisterung, eines der typischen Gefühle, die Menschen gegenüber Technik empfinden. Technik evoziert zwar einerseits das Gefühl der Macht, das Gefühl, die Welt mittels Technik gestalten und beherrschen zu können, andererseits aber auch das Gefühl der Ohnmacht, wenn Technik übermächtig zu werden droht oder nicht kontrollierbar erscheint.

Die Überlegungen Arnold Gehlens zur Technik bilden einen Referenzpunkt für die Interpretation der Technik als ein Mittel der Weltgestaltung. Technik ist demnach dem von Natur aus schwachen und nicht überlebensfähigen Mängelwesen Mensch ein Instrument, um zu überleben und über sich selbst hinauszuwachsen. „Der Mensch" so Arnold Gehlen, sei „sinnesarm, waffenlos, nackt." Diese „Organmängel des Menschen" machen Technik notwendig, die dann wiederum als „Verstärkertechnik" genutzt, zur besonderen Stellung der Menschen beiträgt (GEHLEN 1957, S. 8). Technik entlastet und überbietet (vgl. GEHLEN 1953, S. 94). Gerade Gehlens Interpretation hat die Idee der technisch bedingten Allmacht der Menschen genährt. Technik ist hier Mittel der Verlängerung, Erweiterung und Verbesserung, das ganz unter menschlicher Kontrolle verbleibt: der Mensch als schaffender und mächtiger Prometheus. Demnach wird die „natürliche" Schwäche der Menschen transformiert in die Fähigkeit zur Gestalt- und Beherrschbarkeit der Welt.

Einen ganz anderen Blick auf Technik hatte dagegen Günther Anders. Er thematisierte nicht die Allmacht der Menschen, die mit Technik einhergehe, sondern die Ohnmacht. Mit seinem Begriff der „prometheischen Scham" kann er als Antipode Gehlens gelesen werden, indem er beschrieb, wie sich Menschen gegenüber der als überlegen empfundenen Technik ohnmächtig fühlen. Die Technik kann mehr als die Menschen, sie fühlen sich unterlegen, hilflos und beschämt. Anders formulierte damit einen typisch kulturkritischen Topos, nämlich die Bedenken, die Menschen blieben hinter der Technik zurück. Er nannte dies ein Gefälle zwischen Mensch und Technik, er sprach von der Antiquiertheit oder A-Synchronizität des Menschen gegenüber der Maschine (vgl. ANDERS 1988).

Mit diesen zwei Positionen ist eine Ambiguität von Technik aufgespannt: Sie ist sowohl Quelle von Allmachts- wie von Ohnmachtsgefühlen. Das Prometheische der Technik kann zur prometheischen Scham werden und Gefühle der Ohnmacht hervorrufen. Allmacht kippt in Ohnmachtsgefühle. Im Folgenden wird es um die Gefühle der Ohnmacht gegenüber Technik gehen. Doch sind

---

1   Z.B. Spiegel-Cover vom 17. April 1976 oder vom 3.September 2016.

diese Gefühle nicht zu verstehen, wie deutlich werden wird, ohne die zugrundeliegende Vorstellung vom Menschen als Prometheus. Das Gestaltenkönnen, das Kontrollieren und Machen erscheinen als das typische Menschliche, das Selbstverständliche, das gerade die Position der Menschen begründet. Es ist diese Grundannahme, die den Verlust dieser Gestaltungsmacht und Kontrollfähigkeit zu negativen Ohnmachtsgefühlen werden lässt. All- und Ohnmachtsgefühle sind aufeinander bezogen. Gerade das Kippen des Prometheischen in ein Gefühl des Ausgeliefertseins, ist, wie zu sehen sein wird, ein zentrales Thema der Diskurse um Ohnmacht.

Der *Begriff* der Ohnmacht ist nicht zuletzt in seiner körperlich-biologischen *und* gesellschaftlich-politischen Doppelbedeutung aufschlussreich. Auf den körperlichen Zustand der Ohnmacht bezogen, bezeichnete er bereits im Mittelhochdeutschen, „(einen) kraft- und bewusztlose(n), dem tode ähnliche(n) zustand" (GRIMM'SCHES WÖRTERBUCH). Auf das menschliche Handlungsvermögen bezogen beschrieb er den Zustand, „unmächtig, unvermögend, machtlos" (GRIMM'SCHE WÖRTERBUCH, BAND 13, Sp. 1223) zu sein. Dem Begriff der Ohnmacht korrespondieren Begriffe wie Ausgeliefertsein, nicht kontrollieren können, Hilflosigkeit, Einflusslosigkeit, Kontrollverlust. Besonders seit dem 18. Jahrhundert wird der Begriff „im Sinne von Macht-, Hilflosigkeit, erzwungenes Unvermögen" und im Sinne des Nichtfähig zum Handeln Sein verwendet (vgl. DIGITALES WÖRTERBUCH DER DEUTSCHEN SPRACHE). So findet sich auch im Krünitz, der „ökonomischen Enzyklopädie" des 18. Jahrhunderts, unter dem Eintrag „Ohnmacht" der Verweis auf einen „Mangel der Macht d. i. der Kraft, die Schwäche, Schwachheit." Der Begriff der Ohnmacht signalisierte mithin eine Wehrlosigkeit, Kraftlosigkeit und Schwäche, die im biologischen Sinne gar dem Tode ähnlich sei.

Gefühle der Ohnmacht gegenüber Technik wurden insbesondere seit dem 19. Jahrhundert thematisiert. Zwar wird die Grundidee der außer Kontrolle geratenen Technik, die zu Ohnmachtsgefühlen führt, schon mit der Figur des Golems im frühen 17. Jahrhundert formuliert. Doch seit dem 19. Jahrhundert finden sich Beschreibungen von Ohnmachtsgefühlen oder die Prophezeiung zukünftiger Ohnmacht gegenüber Maschinen vielfach in der Literatur und dem Genre des Science Fiction sowie in kulturkritischen Diskursen.

Im Folgenden sollen erstens verschiedene Formen der Ohnmacht analytisch unterschieden werden. Dabei ist, zweitens, zu fragen, woraus diese Gefühle der Ohnmacht jeweils resultieren. Hier soll gezeigt werden, dass dies zum einen mit der jeweiligen Konzeptionalisierung des Mensch-Maschine-Verhältnisses zusammenhängt und zugleich untrennbar verknüpft ist mit der Rolle, die Menschen darin zugedacht wird. Denn Ohnmacht ist die Nichterfüllung des Bedürfnisses nach Kontrolle, Entscheidungsfähigkeit und Macht. Das Gefühl ist daher nicht zu verstehen ohne das Konzept des modernen Subjekts sowie des Prometheischen, wie eingangs bereits angedeutet. Zum anderen ist es für das genauere Verständnis von Ohnmachtsgefühlen zugleich unabdingbar, die jeweilige Technik in den Blick zu nehmen. Viele Bedenken und

Prophezeiungen, dass Menschen gegenüber Technik ohnmächtig seien oder würden, argumentieren mit dem Kollektivsingular „Technik". Ohnmachtsgefühle werden jedoch in der Regel nicht generell gegenüber Technik empfunden. Ihre konkrete Funktion und das mit ihr verbundene Mensch-Maschinen-Verhältnis sind zentral dafür, ob Ohnmachtsgefühle entstehen oder nicht, wie gezeigt werden soll.

1. Ohnmacht: Die Bedrohung der Gattung Mensch

Die Urfigur der Möglichkeit des Kippens von menschlicher Allmacht in menschliche Ohnmacht ist der Golem. Seine Geschichte reicht weit zurück bis in talmudische Zeugnisse. Lange Zeit blieb es bei einem zweckfreien Ritual der Erschaffung eines Golems. In der Legende des Rabbi Loew von Prag (1609) begann schließlich eine Golem-Tradition, die den Golem als willenlose und gehorsame Schöpfung der Menschen dachte. Der Golem wurde nun zum „dämonischen Diener des Menschen" (VÖLKER 1994, S. 434f.). Er war ein Werkzeug zu Diensten der Menschen, die über ihn verfügen, ihn nach Gutdünken befehligen können. Die Figur des Golems ist seitdem vielfach Thema der Literatur, im Film und in der Kunst. Seit dem 18. Jahrhundert, vor allem aber im frühen 20. Jahrhundert, wurde die gefährliche Seite des Golem thematisiert, seine übernatürliche Stärke und die Möglichkeit, dass er außer Kontrolle geraten kann (vgl. VÖLKER 1994, S. 436f.). Der Golem ist mithin eine Symbolfigur der Ambivalenz von Technik, wie sie eingangs beschrieben wurde: einerseits Instrument der Allmacht der Menschen, andererseits kann er eine destruktive Kraft entfalten, der die Menschen dann hilflos ausgeliefert sind. Damit ist ein Grundmotiv formuliert, das die Geschichte der Technik durchzieht und das sich in kulturkritischen Diskursen gleichermaßen findet wie in Literatur und Science Fiction.

Samuel Butler publizierte 1872 seine Utopie *Erewhon*, in der er ein Land entwarf, das die in der Gesellschaft gültigen Werte grotesk herumdreht. So ist beispielsweise Krankheit eine Straftat, die mit Gefängnis geahndet wird, während Verbrechen als Krankheit behandelt werden. Butler widmete ein Kapitel der Technik, das „Book of Machines". Technik ist in diesem Land verboten. Denn in Erewhon besteht die Überzeugung, dass die Maschinen eines Tages Bewusstsein entwickeln und daher den Menschen überlegen sein und diese beherrschen werden. Die Einwohner Erewhons entscheiden sich daher, jegliche Technik zu verbieten. Schon das Tragen einer Uhr ist unter Strafe gestellt, nicht zuletzt auch, weil die Uhr als Symbol der Herrschaft der Maschine interpretiert wird, der sich die Arbeiter zu unterwerfen hatten. Butler war von Darwins Evolutionstheorie beeinflusst, die er auf Maschinen übertrug, die sich demnach in der Logik des Entwicklungsgedankens stets verbesserten – bis sie schließlich besser sein könnten als Menschen. Die Vorstellung, der Technik ausgeliefert zu sein, findet sich in dem, erstaunlicher

Weise wenig rezipierten Werk deutlich. Sie führt zur typisch anthropozentrischen Antwort, nämlich dem Bemühen, die menschliche Allmacht zu sichern, indem die die menschliche Überlegenheit bedrohende Technik verboten wird.

Der Kampf zwischen Mensch und Maschine ist seit dem 19. Jahrhundert einer der zentralen Topoi im Science Fiction, aber auch in kulturkritischen Schriften. Bedroht und verteidigt wird stets die menschliche Allmacht, die mittels Technik hergestellt und garantiert wird, dann aber durch die übermächtig gewordene Technik verloren gehen könnte.

Ohnmachtsgefühle werden hier allerdings nicht aufgrund realer Entwicklungen empfunden, sondern als Möglichkeit in der Zukunft gezeichnet. Das Ohnmachtsgefühl resultiert aus der Angst, die anthropozentrische Überlegenheit und Sonderstellung der Menschen könne zukünftig gefährdet werden. Die Sonderstellung der Menschen wurde im 19. Jahrhundert eben nicht nur durch Darwins Evolutionstheorie, sondern auch durch Technik herausgefordert. In diesen Diskursen um Ohnmacht geht es um nichts weniger als die Gattung Mensch, ihr Überleben sowie ihre Position in der Welt und die Sicherung ihrer zentralen Position.

Ein weiterer Klassiker, der diese Ohnmachtsform repräsentiert, ist das Drama *R.U.R.* (*ROSSUMOVI UNIVERZÁLNÍ ROBOTI*, 1920) des Tschechen Karel Čapek. Auch hier werden die künstlichen Menschen, ganz wie der Golem, hier aber nun „robots" genannt, zu Diensten der Menschen eingesetzt. Sie sind willenlose Arbeiter, die jedoch eines Tages eine Revolte starten und alle Menschen, außer einem, vernichten. Am Ende des Dramas stehen zwei künstliche Wesen, die Gefühle entwickelt haben, ein neuer Adam und eine neue Eva, wie es am Ende des Stücks heißt. Die Ära der Menschen in ihrer bis dahin existierenden Form ist damit zu Ende gegangen.

Das in diesen Fiktionen beschriebene Ohnmachtsgefühl ist ein fundamentales, umfassendes, das die Unterlegenheit und Hilflosigkeit der Menschen gegenüber den Maschinen beschreibt; Menschen werden aufgrund ihrer eigenen Schöpfung schließlich ohnmächtig, bis dahin, dass sie sich nicht gegen ihre Vernichtung als Gattung wehren können. Diese Ohnmachtsgefühle gehen mit Angst, Sorge und Bedenken einher.

Es handelt sich um einen Topos, der im Kontext verschiedener Technologien immer wiederkehrt und antizipatorischen und warnenden Charakter hat, sei es im Hinblick auf die Atomtechnologie, die zur Vernichtung der gesamten Menschheit führen kann, sie es die Künstliche Intelligenz-Forschung. Der derzeit in Diskursen kursierende Begriff der technischen Singularität bezeichnet beispielsweise die Erwartung, dass Maschinen sich in einer Weise verbessern werden, dass die Rolle der Menschen ungewiss wird (vgl. KURZWEIL 2005). In Sorge sprach Bill Joy zu Beginn des 21. Jahrhunderts mit Blick auf Nano- und Gentechnologie sowie auf die Robotik von den Menschen als einer „gefährdeten Art" (JOY 2001, S. 31). Stephen Hawking prognostizierte kürzlich, dass Maschinen, die klüger werden als Menschen, eine Gefahr für deren Fortbestand darstellen. In „Evolution ohne uns" diskutiert Jay Tuck, um ein weiteres Beispiel dieses Narratives zu nennen, die Möglichkeit, Künstliche Intelligenz könne die Menschheit ausrotten (vgl. Tuck 2016).

2. Ohnmacht: Konkurrenz zwischen Menschen und Maschine und Überlegenheit der Maschinen

Diese fundamentale und in der Zukunft erwartete Ohnmacht der Menschen gegenüber den Maschinen ist nur im Hinblick auf die Dimension und den Bezug zur Realität von einer anderen Form der Ohnmacht zu trennen. Gemeint ist eine Form der Ohnmacht, die insbesondere Günther Anders mit dem Begriff der prometheischen Scham beschrieben hat: das Gefühl, der Technik, die viele Aufgaben mittlerweile besser, d.h. in der Regel effizienter und fehlerfreier ausführt als Menschen, unterlegen zu sein. Liegt beiden Formen das Gefühl der menschlichen Unterlegenheit zugrunde, so bezieht es sich einmal auf die in der Zukunft erwartete Unterlegenheit und Ohnmacht der Menschen als Gattungswesen gegenüber dem Kollektivsingular Technik, das andere Mal auf bestimmte Tätigkeiten, die von konkreten Maschinen übernommen werden.

So wurde das Gefühl, ohnmächtig gegenüber einer überlegenen Technik zu sein, die die menschliche Arbeit überflüssig macht, bereits für die sogenannten „Maschinenstürmer" des frühen 19. Jahrhunderts beschrieben, die sich mit Protestaktionen gegen die Einführung von Maschinen wehrten, die sie zu ersetzen drohten. Dieses Bild wiederholt sich seitdem immer wieder: Menschen fühlen sich hilflos, der Technik unterlegen, wenn sie die Erfahrung machen, von Maschinen ersetzt werden zu können.

Dieses Gefühl der Ersetzung beruht auf einem Mensch-Maschinen-Verhältnis, das Menschen und Maschinen in Konkurrenz zueinander setzt. Die Maschine ist in dieser Logik nicht länger das kontrollierte Hilfsmittel, das Werkzeug der Arbeiter, sie erleichtert nicht die Arbeit, sondern sie droht, die Menschen zu ersetzen und überflüssig zu machen. In der menschlichen Wahrnehmung erzeugt dies dann ein Gefühl der Ohnmacht, wenn die Überlegenheit der Technik zum einen eindeutig ist, zum anderen Tätigkeiten betrifft, deren Ausübung zum menschlichen Selbstverständnis gehören. Handelt es sich dagegen um Hilfs- oder Routinetätigkeiten, wird die Maschine als Mittel zur Erledigung unschöner Tätigkeiten unter der Kontrolle der Menschen gedacht. Sie bedient dann eher Allmachtgefühle. Gerade die Ersetzung menschlicher Tätigkeiten durch Technik changiert allerdings häufig zwischen dem Gefühl der Allmacht einerseits und der mit Schrecken wahrgenommenen Unterlegenheit und Ohnmacht andererseits. Ein kurzer amerikanischer Clip aus den 1950er Jahren thematisierte die Überlegenheit der Technik. Ein

Unternehmer demonstriert vor einer Gruppe von Kunden stolz die Rechen- und Informationskünste des Computers. Gleichzeitig wird, ganz im Anders'schen Sinne, die Beschämung, das Entsetzen und die Ohnmacht gegenüber dieser überlegenen Leistung gezeigt, die die nun überflüssigen Programmiererinnen empfinden, die eine Kündigung zu erwarten haben.[2] Auch in diesem Clip wird deutlich: Das Gefühl der Ohnmacht resultiert daraus, dass es nichts daran zu deuten gibt: Man kann nichts gegen diese allzu offensichtliche Überlegenheit der Technik tun, die Betroffenen reagieren beschämt. In der Regel tritt allerdings ein Gewöhnungseffekt ein: Kaum jemand fühlt sich heute ohnmächtig, weil Taschenrechner schneller und zuverlässiger rechnen als Menschen. Sie haben die Rolle von Hilfsmitteln eingenommen. Gleichwohl führt die immer wieder neue Erfahrung technischer Überlegenheit zu erneuten narzisstischen Verletzungen. Auch diese resultieren nicht zuletzt aus einem Anthropozentrismus und der Annahme der Sonderstellung der Menschen.

3. Ohnmacht: Ausgeliefertsein

Eine weitere Form der Ohnmacht ist das Gefühl, „der Technik" oder genauer der technischen Entwicklung ausgeliefert zu sein, in dem Sinne, dass sie als nicht beeinfluss- und gestaltbar empfunden wird. Vor allem hier findet sich die Beschreibung von Technik als Kollektivsingular. Insbesondere die Kulturkritik der ersten Hälfte des 20. Jahrhunderts thematisierte diese „Gefahr" immer wieder und machte sie zu einem Topos. Autoren wie Lewis Mumford sprachen von der Megamaschine, der der einzelne ohnmächtig ausgeliefert sei. Die Rede vom „Siegeszug" der Technik sowie der Topos von der Technik als Schicksal drückten vielfach, insbesondere von den 1920er bis in die 1950er Jahre, das Empfinden des Ausgeliefertseins aus. Oswald Spengler sprach in seinem 1931 erschienen Werk „Der Mensch und die Technik", davon dass „weder die Köpfe noch die Hände etwas an dem Schicksal der Maschinentechnik ändern, die sich aus innerer, seelenhafter Notwendigkeit entwickelt hat." (SPENGLER 1931, S. 74) Zudem findet sich auch hier der klischeehafte Topos von der Verkehrung des Herr- und Sklavenverhältnisses wieder: „Der Herr der Welt wird zum Sklaven der Maschine. Sie zwingt uns, und zwar alle ohne Ausnahme, ob wir es wissen und wollen oder nicht, in die Richtung ihrer Bahn." (SPENGLER, 1931, S. 75) Auch wenn solche unspezifischen Ohnmachtsgefühle, die sich in kulturkritischer Manier auf die Technik als Kollektivsingular richten, heute kaum mehr mit diesem Pathos formuliert werden, finden sich doch bis heute ähnliche Denkmuster, die das Gefühl des Ausgeliefertseins oder der Einflusslosigkeit offenbaren. Ein Forschungsprojekt zur Wahrnehmung des technologischen Wandels in der Druck-

---

2   https://www.youtube.com/watch?v=gd5CoMeip9o [Zugriff 30.6.2017].

industrie in den 1970er und 1980er Jahren durch die Drucker und Setzer machte deutlich, dass der technologische Wandel als etwas Nichtveränderbares, als etwas Schicksalhaftes empfunden wurde (HESSLER 2017, S. 9f.). Der „technische Fortschritt" erschien den Betroffenen als etwas gleichsam Natürliches, Unabänderliches, dem man sich nicht entgegenstemmen könne. Auf diese Feststellung einer grundsätzlichen Ohnmacht wurde jedoch nicht, wie in der kulturkritischen Literatur, mit Pathos und Resignation reagiert. Vielmehr betonten viele der befragten Drucker und Setzer, dass es wichtig sei, sich anzupassen und „mit der Zeit zu gehen". Die Möglichkeit dieser Anpassung, in diesem Falle also Umschulungen, Weiter- und Fortbildungen, kompensierte das Ohnmachts-gefühl gegenüber dem grundsätzlich als unabänderlich empfundenen Wandel. Interessant ist in diesem Zusammenhang auch die aktuelle Studie des Deutschen Gewerkschaftsbundes zu „Guter Arbeit" aus dem Jahr 2016 mit dem Befund, dass „insgesamt 45 Prozent der von Digitalisierung Betroffenen – 37 Prozent auch der Hochqualifizierten – (sehr häufig) in dem Gefühl (arbeiteten) der digitalen Technik ausgeliefert zu sein" (DGB-INDEX GUTE ARBEIT, S. 15). Es zeigt sich gleich-zeitig, dass das Gefühl der Ohnmacht geringer ist, je mehr Beteiligungsmöglichkeiten es gab, was wenig überraschend ist, da das Gefühl der Ohnmacht aus einer empfundenen Einflussmöglichkeit, eben des Ausgeliefertseins resultiert.

4. Ohnmacht: Das Nichtfunktionieren oder Nichtverstehen

Der Schriftsteller Walter Kempowski betonte, „sein monumentales „Echolot"-Projekt hätte nicht ohne einen modernen Rechner angegangen werden können" (KEMPOWSKI 2003, S. 72). Den Computer empfand Kempowski gleichwohl als ambivalent. Er beschreibt einerseits „Glücks-gefühle wegen des Machtzuwachses durch den grünleuchtenden Computer" (KEMPOWSKI 2003, S. 293), andererseits Ohnmachtsgefühle, wenn der Computer nicht funktioniert. Dann muss der Schriftsteller auf den Olivetti-Mann warten, der das Gerät wieder in Gang bringen muss. Auch Kempowski beschrieb damit die Ambivalenz von Technik: einerseits ist sie Grund für Allmacht und Euphorie; sie ermöglicht neue Weisen und Dimensionen des Schreibens; andererseits ist sie Grund für Ohnmacht.

Die Ursache für Kempowskis Ohnmachtgefühle ist jedem/r Techniknutzer/in vertraut: Die Technik funktioniert nicht, man kann sie nicht nutzen, obgleich man auf ihre Nutzung angewiesen ist, versteht sie aber auch zu wenig, um sie selbst wieder in Gang zu setzen. Ein Gefühl der Hilflosigkeit, der Ohnmacht stellt sich ein. Leonhard Dobusch beschreibt in einem Aufsatz diese Form der Ohnmacht, die Nutzer/innen von Technik empfinden. Am Beispiel des doku-mentarischen Spielfilms „Office Space" schildert er die Ohnmachtsgefühle, die sich in einer heftigen Aggression gegen einen Drucker entladen, der wegen seines permanenten Nichtfunktionierens mit

Baseballschlägern zertrümmert wird, die Rache für den „verzweifelten Kampf gegen den Papierstau" (DOBUSCH 2008, S. 103). Dobusch unterscheidet verschiedene Formen der Nutzer-Ohnmacht, so beispielsweise die gerade beschriebene „Ohnmacht durch technische Unzulänglichkeit" (ebd., S. 103). Aber auch eine „Ohnmacht durch persönliche Unzulänglichkeit", insofern Nutzer/innen von der Bedienung überfordert seien (ebd., S. 103).

Das Nichtverstehen von Technik bzw. das Überfordertsein mit ihrer Nutzung ist eine geradezu alltägliche Quelle von Ohnmacht, die häufig mit Aggressionen einhergeht. Diese Form der Nutzerohnmacht steigt mit der Komplexität von Technik, die wiederum mit einer „Blackboxisierung" von Technik einhergeht. Nutzer/innen sind unmündige Bediener einer Blackbox Technik, die im Falle des Nichtfunktionierens hilflos werden und ihre Ohnmacht spüren. Dies ist insbesondere im Kontext aktueller Entwicklungen der Künstlichen Intelligenz von Bedeutung, sofern beispielsweise die „Handlungen" von Algorithmen im Deep Learning für Menschen nicht mehr nachvollziehbar sind. Damit wird ein unkontrollierbares Element produziert, das eine Quelle einer ganz neuen Ohnmachtserfahrung werden kann oder vielleicht schon ist, insofern nicht nur die Nutzer, sondern auch die Entwickler ihre eigenen Produkte nicht mehr nachvollziehen können.

Dieses Empfinden von Ohnmacht ist einerseits ein individuell erlebtes Gefühl im alltäglichen Umgang mit Technik, das mit dem Nichtverstehen und dem Nichtfunktionieren von Technik in einer hochtechnisierten Welt zu tun hat, in der insbesondere das Nichtfunktionieren zu immensen Störungen des Ablaufs und daher zu einem massiven Gefühl der Ohnmacht führen kann. Im Moment des Nichtfunktionierens kippt das Gefühl der Macht und der Gestaltbarkeit in ein Gefühl der Hilflosigkeit und der Ohnmacht. Andererseits handelt es sich um ein strukturell erzeugtes Gefühl der Ohnmacht, insofern komplexe Technik von unkundigen Nutzer/innen bedient wird und gleichzeitig die alltägliche Infrastruktur für das Funktionieren fast aller menschlichen Tätigkeiten darstellt. Die Ohnmacht resultiert aus dem Nichtverstehen und dem damit daraus resultierenden Nicht Beeinflussen-Können der Technik.

5. Unbemerkte oder verdrängte Ohnmacht: Bequeme Gadgets und die Deleuze'sche Kontrollgesellschaft

Führt also Technik im alltäglichen Umgang im Falle des Nichtfunktionierens zu einem Gefühl der Hilflosigkeit, so ist der alltägliche Umgang mit Technik im Falle des reibungslosen Ablaufs allerdings gerade nicht von Ohnmachtsgefühlen begleitet. Funktionierende Technik wird in der Regel nicht wahrgenommen, nicht reflektiert bzw. sie vermittelt das Gefühl der Kontrolle, der Gestaltungsmöglichkeit, der Beherrschung der Technik. Technik kann in ihrem alltäglichen Funktionieren die Möglichkeit des Umschlagens in Ohnmacht daher auch verdecken und vergessen bzw. tatsächliche Ohnmacht unsichtbar machen.

Letzteres scheint auf digitale Kommunikationstechnologien, auf soziale Medien zuzutreffen, in denen Menschen ein digitales Ich produzieren, über das sie jedoch keine Kontrolle mehr haben – ohne dass dies bei Nutzer/innen jedoch zu Ohnmachtsgefühlen führen würde. Zwar besteht ein Diskurs über das Verschwinden der Privatheit, über Überwachung und Kontrolle sowie ein Diskurs über die Nutzung von privaten Daten durch Unternehmen. Es handelt sich jedoch um einen Diskurs der insbesondere in den Geistes- und Kulturwissenschaften geführt wird, der allerdings die alltägliche Nutzung von Technik nicht zu tangieren scheint. Mithin ist eine auffällige Kluft zwischen den gesellschaftlichen Debatten zu verzeichnen, die den Kontrollverlust über die eigenen Daten, das Gefühl der Hilflosigkeit oder des Ausgeliefertseins gegenüber digitaler Überwachung thematisieren einerseits und den davon relativ unberührten täglichen Praktiken andererseits.

Ein Grund für das Nichtempfinden von Ohnmacht in der alltäglichen Nutzung liegt, so die These, wiederum im Mensch-Maschinen-Verhältnis. Anders als in der Arbeitswelt, in der Technik in Konkurrenz zu den Menschen tritt und ihnen das Gefühl der Unterlegenheit vermittelt, besteht hier die Vorstellung, dass Subjekte mit der Technik agieren, dass sie ganz im Gehlen'schen Sinne über sie verfügen, sie als Mittel nutzen und sie kontrollieren. Sofern Menschen Technik zur Arbeitserleichterung, zum Vergnügen oder zu selbstgesetzten Zwecken nutzen können, rufen sie keine Ohnmachtsgefühle hervor. In der Funktion der, um mit Gehlen zu sprechen, Organerweiterung oder -ersetzung, weckt die Nutzung von Technik eher Allmachtsgefühle.

Gerade Tools der Selbstoptimierung wie beispielsweise *fitness tracker* sind Ausdruck der Selbstgestaltung und der Selbstkontrolle. Soziale Medien wiederum bieten die scheinbar kontrollierte und selbstbestimmte Möglichkeit der Selbstdarstellung sowie der Kommunikation, mit wem man möchte. Dies alles, das Gefühl der Selbstoptimierung und der Selbstdarstellung, sind Aspekte, die das Nutzer/innen-Erlebnis positiv erscheinen lassen und das Gefühl der Kontrolle über das eigene Tun hervorrufen. Hinzu kommen die Bequemlichkeit der Benutzung und die stete Verfügbarkeit der Gadgets. Diese Illusion des kontrollierenden Subjekts führt offensichtlich zum Verdrängen oder Nichtbeachten des tatsächlichen Kontrollverlusts über eigene Daten und die Möglichkeit der Überwachung, zum Vergessen der Möglichkeit des unbemerkten und nicht kontrollierbaren Mitlesens von Kommunikation oder des Hackens von Accounts. Allenfalls Erfahrungen des Bloßgestelltwerdens, des cyber-Mobbings, in denen die Kontrolle über die eigene Selbstdarstellung, über die eigenen Daten auf beschämende Weise verloren geht und die rasante Verbreitungsmöglichkeit im Cyberspace die Unkontrollierbarkeit allzu deutlich offenbart, machen die Ohnmacht hinsichtlich der Kontrolle des digitalen Ichs spürbar.

Gilles Deleuze beschrieb in seinem kurzen Text aus dem Jahr 1990 eine neue Form der Kontrollgesellschaft, die auf einer Selbstkontrolle und Selbstoptimierung der Menschen beruhe (vgl. DELEUZE 1993). Er konstatierte einen historischen Übergang von der von Foucault analysierten Disziplinargesellschaften hin zu Kontrollgesellschaften. Die Institutionen der Disziplinargesellschaften wie Schule, Fabrik, Gefängnis befänden sich demnach mit ihren klassischen Disziplinarmechanismen in einer Krise. Diese seien der permanenten (Selbst-) Kontrolle gewichen, das Starre in ein flexibles, sich stets änderndes System übergegangen, das scheinbar neue Freiheiten biete, aber den härtesten Einschließungen der Disziplinargesellschaften in nichts nahestehe.

Deleuze Text bleibt in Vielem unbestimmt, doch schimmert das Bild einer Gesellschaftsform auf, die nicht auf harten, autoritär ausgeführten, expliziten und berechenbaren Disziplinarmaßnamen beruht, sondern auf sich stets verändernden, permanenten Kontrollen basiert, die zugleich mit Momenten der Selbstoptimierung im Zeichen des Spaßes und der freiwilligen, positiv besetzten Unterwerfung arbeitet. Deleuze Konzept wäre gerade im Hinblick auf die alltäglich *ausbleibenden* Ohnmachtsgefühle auszuarbeiten, insofern die scheinbare Freiwilligkeit und die Illusion der Kontrolle und Steuerung des digitalen Ichs den Kontrollverlustes überschreiben. Die Idee, dass es sich um einen neuen digitalen Golem handeln könnte, ist nicht neu, auch wenn in den alltäglichen Praktiken derzeit die tatsächliche Ohnmacht im Sinne Deleuze unbemerkt bleibt. Gershom Sholem bezeichnete 1965 bei einer Eröffnungsrede zur Einweihung eines Großcomputers diesen als „Golem Alpha" (LÜDICKE 2016, o. S.). Gleichwohl gilt, dass sich diese Sorge derzeit eher im Diskurs findet, während die vermeintlich souveränen Subjekte sich in der täglichen Nutzung an einem kontrollierten Golem erfreuen, der stets zu Diensten ist.

Literaturverzeichnis

ANDERS, G. (1988): Die Antiquiertheit des Menschen, Bd. 2 Über die Zerstörung des Lebens im Zeitalter der dritten industriellen Revolution, München: Beck.

BUTLER, S. (1872): Erewhon. Reprint. Amazon Poland. (keine weiteren Angaben).

DELEUZE, G. (1993): Postskriptum über die Kontrollgesellschaften, in: Unterhandlungen 1972–1990, hrsg. von ders., Frankfurt am Main: Suhrkamp, S. 254–262.

Deutsches Wörterbuch von Jacob und Wilhelm Grimm, Eintrag Ohnmacht, http://woerterbuchnetz.de/cgi-bin/WBNetz/wbgui_py?sigle=DWB&mode=Vernetzung&lemid=GO01105#XGO01105 [28.06.2017]

DGB-Index Gute Arbeit (2016), Der Report 2016. http://index-gute-arbeit.dgb.de/++co++70aa62ec-2b31-11e7-83c1-525400e5a74a [29.06.2017]

Digitales Wörterbuch der deutschen Sprache, Eintrag Ohnmacht, https://www.dwds.de/wb/Ohnmacht [28.06.2017].

DOBUSCH, L. (2008): Ohnmacht trotz technologischer Potenz: Pfade informationstechnologischer Selbstentmachtung, in: Mensch – Technik – Ärger? Zur Beherrschbarkeit soziotechnischer Dynamik aus transdiziplinärer Sicht, hrsg. von D. Gumm /M. Janneck / R. Langer, Berlin: Lit, S. 103–118.

GEHLEN, A. (1953): Über Technik in der Sichtweise der Anthropologie, in: Anthropologische Forschung. Zur Selbstbegegnung und Selbstentdeckung des Menschen, hrsg. von ders., Reinbek: rowohlt deutsche enzyklopädie S. 93–103. Gehlen, A. (1957): Die Seele im technischen Zeitalter. Sozialpsychologische Probleme in der industriellen Gesellschaft, Hamburg 1957: Klostermann.

HESSLER, M. (2017): Einleitung, in: „… unseren Beruf gibt es nicht mehr …". Technologischer Wandel in der Druckindustrie – Die Perspektive der Drucker und Setzer. Ein Kooperationsprojekt der Professur Neuere Sozial-, Wirtschafts- und Technikgeschichte / Helmut-Schmidt-Universität und dem Museum der Arbeit. Hamburg: HSU-Selbstverlag, S. 3–12.

JOY, B. (2001): Warum die Zukunft uns nicht braucht, in: Die Darwin AG, hrsg. von F. Schirrmacher, Köln: Kiepenheuer & Witsch, S. 31–71.

KEMPOWSKI, W. (2003, 2. Auflage): Alkor, Tagebuch 1989, München, btb-Verlag.

Krünitz, Ökonomische Enzyklopädie, Eintrag Ohnmacht, http://www.kruenitz1.uni-trier.de/ [28.06.2017].

LÜDICKE, M. (2016): Der Golem lebt; in: Golem. Publikation anlässlich der Ausstellung vom 23. September 2016 bis 29. Januar 2917, hrsg. von E. D. Bilski / M. Lüdicke, Berlin: Kerber Verlag, o. S.

KURZWEIL, R. (2005): The Singularity Is Near. When Humans Transcend Biology. Viking, New York.

SPENGLER, O. (1931): Der Mensch und die Technik. Beitrag zu einer Philosophie des Lebens, München C. H. Beck'sche Verlagsbuchhandlung.

TUCK, J. (2016): Evolution ohne uns. Wird künstliche Intelligenz uns töten? Kulmbach: Plassen Verlag.

VÖLKER, K. (Hrsg.) (1994): Künstliche Menschen. Über Golems, Homunculi, Androiden und lebende Statuen, Frankfurt am Main: Suhrkamp.

Grenzen der Technisierung der Lebenswelt?

Gregor Schiemann

Abstract:

Vier Entwicklungstendenzen des Verhältnisses von Natur und Technik betreffen industrielle Gesellschaften als Ganzes: 1. zunehmende Naturferne der Technik, 2. zunehmende Naturnähe der Technik, 3. vermehrte Hybridzustände von Natur und Technik und 4. zunehmende Eindringtiefe der Technik in die Natur. Vor dem Hintergrund dieser teils gegenläufigen Tendenzen kann von Grenzen der Technisierung in industriellen Gesellschaften nicht im Allgemeinen, sondern nur in Bezug auf besondere Kontexte gesprochen werden. Zu ihnen gehört die Lebenswelt als ein nichtprofessioneller und privater Erfahrungsbereich, der es immer noch erlaubt, kulturwirksam zwischen Natur und Technik zu unterscheiden. Zwei Beispiele werden diskutiert: Die Wahrnehmung des Leibes, der sich als das lebensweltliche Zentrum der Natur erweist, das sensibel auf Technisierungen reagiert, und die Grenzen der Technisierung der Reproduktion. Abschließend werden Gründe dafür angeführt, warum die Lebenswelt gegenüber Technisierungen, deren bevorzugtes Objekt sie ist, bisher in erstaunlicher Distanz geblieben ist.

Limits of Technicization of the Lifeworld
Abstract: There are four tendencies in the development of the relation between nature and technology which concern industrialised societies as a whole: 1. increasing remoteness of technology from nature, 2. increasing closeness of technology to nature, 3. more hybrid conflations of nature and technology and 4. growing depth of penetration of technology in nature. Against the background of these partly contrary tendencies it is not possible to speak about the limits of technicization in industrialised societies in general, but only in specific contexts. One of these contexts is the lifeworld as private and non-professional context of experience which still allows to make a difference between nature and technology in a cultural effective way. Two examples are being discussed: The perception of the subjective body ("Leib"), which manifests itself as the centre of nature in the lifeworld and responds sensibly to technicization, and the limits of technicization regarding reproduction. Finally, reasons are given why the lifeworld has kept so far such an astounding distance to technicization while being its preferred object.

Moderne Gesellschaften zeichnen sich durch eine zunehmende Technisierung aus, die Natur-prozesse überformt und ersetzt. Als Technisierung kann man die Verbreitung von Strukturen oder Dingen verstehen, die von Menschen planmäßig geschaffen wurden.

Ihr stürmisches, meist wissenschaftlich gestütztes Vordringen in vormals vom menschlichen Handeln freie Bereiche ist für die Lebensverhältnisse und Selbstverständnisse immer bedeutsamer geworden. So sind etwa Zeugung und Geburt zum Objekt einer Reproduktionstechnologie geworden, die Lebensprozesse bereits in den frühesten Entwicklungsphasen von ihrer natürlichen Umgebung isoliert, um sie gezielt zu beeinflussen; Nahrungsmitteltechnologien erzeugen global künstlich hergestellte Esswaren, die billiger und länger haltbar sind als natürliche Lebensmittel; die medizinische Therapie setzt vermehrt synthetische Stoffe ein, im Zuge der Miniaturisierung der Technik und der gesteigerten Körperverträglichkeit ihrer Materialien treten bei Organer-krankungen immer öfter Konstruktionen an die Stelle von natürlich Gewachsenem – um nur einige Beispiele zu nennen.

Um die Entwicklung der Manipulation und Verdrängung des Natürlichen zu beurteilen, ist die *Unterscheidung von Natur und Technik* eine elementare Voraussetzung. In diesem Beitrag möchte ich die These vertreten, dass sich Grenzen der Technisierung aufweisen lassen, die für die Lebenswelt bedeutsam sind. Diese Behauptung stützt sich auf die Feststellung, dass zwischen Natur und Technik in vielen Bereichen immer noch deutlich unterschieden werden kann.

Obwohl sich die Technisierung erst mit der Moderne, das heißt seit etwa dem 19. Jahrhun-dert, in großem Maßstab auf die Natur auszuwirken beginnt, kann die Analyse dieses Prozesses bemerkenswerterweise immer noch auf die Kontrastierung von Natur und Technik zurück-greifen, wie sie *paradigmatisch von Aristoteles* im vierten Jahrhundert vor unserer Zeitrechnung formuliert wurde.[1] Aristoteles zeichnet die Natur durch die Eigenschaft der Selbstbewegung aus. Selbstbewegungen sind vor allem Bewegungen, die nicht auf menschlichen Anstoß, wie er zum Beispiel bei der Herstellung und dem Gebrauch von Werkzeugen vorkommt, zurückgehen. Der Mensch wird dabei als dasjenige Naturwesen aufgefasst, das Technik als etwas Nichtnatürliches hervorbringt. Ein Objekt ist folglich als technisch – oder wie man auch sagen kann: künstlich – anzusehen, wenn es durch menschliches Handeln entstand. Umgekehrt kann ganz im Sinne dieser Definition ein Objekt zur Natur gerechnet werden, wenn sich nicht ermitteln lässt, dass es von menschlichem Handeln hervorgebracht wurde. Diese Umkehrung macht allerdings nur Sinn, wenn die Natürlichkeit eines Gegenstandes problematisch wird – wie zum Beispiel, wenn man die künstliche Nachbildung eines Holzes

---

1   Im philosophischen Diskurs ist der Rekurs auf Aristoteles immer noch einschlägig, so z. B. in Krebs 1997, S. 340, Habermas 2001, S. 77 und 83 und Falkenburg Natur 2017.

irrtümlich für natürlich hält. Nachahmungen der Natur, die wegen ihrer Perfektion nicht als solche wahrgenommen werden können, waren allerdings in der Antike nicht bekannt.[2]

Ich werde zuerst allgemeine Entwicklungstendenzen des Verhältnisses von Natur und Technik benennen, die industrielle Gesellschaften als Ganzes betreffen. Dabei wird es mir auf den Nachweis ankommen, dass sich das Verhältnis von Natur und Technik faktisch auf unterschiedliche Weise entwickelt hat. In einigen Bereichen hat sich eine deutliche Differenz von Natur und Technik herausgebildet. In anderen Bereichen wird es immer schwieriger, zwischen Natur und Technik zu unterscheiden. Von Grenzen der Technisierung kann nicht im Allgemeinen, sondern nur in Bezug auf besondere Kontexte gesprochen werden (Abschnitt 1).

Als einen dieser Kontexte werde ich im zweiten Teil meines Beitrages die *Lebenswelt* einführen. Der Ausdruck „Lebenswelt" ist ein wenig einheitlich verwendeter philosophischer Terminus. Manche Autoren wie z. B. Edmund Husserl verstehen darunter das anschauliche Fundament unseres Daseins, andere wie z. B. Jürgen Habermas den umfassenden gesellschaftlichen Objektbereich, in dem Handlungen über Kommunikation und nicht über Geld oder Macht vermittelt sind. Mein Verständnis der Lebenswelt orientiert sich an Definitionen, die die Lebenswelt als einen Erfahrungsbereich verstehen, der der nichtprofessionellen Alltagswelt oder auch der vertrauten Sozialwelt des Privaten verwandt ist.

Aller Technisierung der Lebenswelt zum Trotz wird die Unterscheidung von Natur und Technik in diesem Erfahrungsbereich noch in beispielhafterweise vorgenommen. Meist lassen sich lebensweltliche Gegenstände immer noch gut in natürliche und technische einteilen. Wo dies nicht gelingt, können Experten gefragt werden. Weil das lebensweltliche Differenzierungsvermögen problematisch geworden ist, steht am Ende des Titels dieses Textes ein Fragezeichen. Gegenwärtig noch nachweisbaren Grenzen der Technisierung der Lebenswelt führe ich im Wesentlichen auf die Naturzugehörigkeit des Menschen zurück. Dafür werde ich die Selbstwahrnehmung des menschlichen Körpers und die künstlichen Fortpflanzungstechnologien als Beispiele anführen (Abschnitt 2).

Einige Grenzen der Technisierung sind durch die Form der Technik selbst gegeben. Wie ich im letzten Teil mit Bezug auf Hans Blumenberg ausführe, nimmt die Technik gleichsam auf die Naturzugehörigkeit des Menschen Rücksicht und gestattet ihm, eine abständige Position zur Technik einzunehmen (Abschnitt 3).[3]

---

2 Zu dieser Definition des Naturbegriffs im Anschluss an Aristoteles vgl. Schiemann 2005, S. 31 ff., und 2006.

3 Der vorliegende Text stützt sich auf redaktionell bearbeitete und thematisch angepasste Abschnitte von Schiemann 2014 und 2016.

1. Entwicklungstendenzen des Verhältnisses von Natur und Technik

Doch bevor ich auf den Begriff der Lebenswelt näher eingehe, werde ich wie angekündigt allgemeine Entwicklungstendenzen des Verhältnisses von Natur und Technik bzw. der Technisierung benennen, die industrielle Gesellschaften als Ganzes betreffen.

Dabei gehe ich davon aus, dass die Technisierung wie sie für industrielle Gesellschaften kennzeichnend ist, mit dem 19. Jahrhundert einsetzt. Ich werde vier Tendenzen unterscheiden, die bis heute anhalten und durchaus divergierenden Charakter haben. Es handelt sich um generelle Trends, die in vielfältigen kontextabhängigen Beziehungen stehen und dementsprechend in unterschiedlichen Ausprägungen auftreten. Sie werden hier nur schlagwortartig formuliert, um die Gegensätzlichkeit der zwischen Natur und Technik bestehenden und möglichen Beziehungen hervortreten zu lassen.

1. *Zunehmende Naturferne der Technik*: Die Technik bildet verstärkt eigene Strukturen und Entwicklungspfade aus, die kein Vorbild in der Natur haben. Dieter Birnbacher nennt drei solcher Kennzeichen der modernen Technik:

> „Die Welt der Werkzeuge, Geräte und Maschinen ist so alt wie der Mensch selbst. Als die Sphäre des vom Menschen bewusst Gemachten [...] war sie immer schon von der Natur als der Sphäre des Gewachsenen und Vorgefundenen unterschieden. Aber noch nie war dieser Unterschied so ausgeprägt und so offen sichtbar. [...] Von den verwendeten Materialien wie von den Formen her sind die modernen technischen Objekte der Natur weiter entrückt als die früheren Zeiten. [... E]in weiteres Kennzeichen der modernen Technik [ist] ihre Globalität. [...] Ein drittes [...] Merkmal ihr gewaltiges Zerstörungspotential" (BIRNBACHER 1985, S. 608 ff).

Schon die Technik der frühen Kulturen weist spezifische Differenzen zum natürlich Gegebenen auf. Paradigmatisch dafür ist das Rad, das mit seiner potenziell unendlichen Rotationsmöglichkeit um eine Achse kein Vorbild in der Natur hat. Die von Birnbacher für die Moderne genannten Merkmale heben die heutige Technik deutlich von den vorangehenden Formen ab. Die Entfernung der Technik von der Natur lässt sich mithin als eine weitreichende Entwicklungstendenz postulieren. Zu ihren möglichen zukünftigen, allerdings wohl noch sehr entfernten Fluchtpunkten muss man auch die Entkopplung von Natur und Technik rechnen. Unabhängig von menschlichen Wahrnehmungsleistungen könnte die Entwicklung des Wissens von künstlicher Intelligenz über technische Datenerfassung eigenständig fortgeführt werden.

2. *Zunehmende Naturnähe der Technik*: Die moderne Technik vermag sich umgekehrt auch stärker

als in vormodernen Zeiten der Natur anzunähern. Als Beispiele kann etwa auf die Bionik oder die Technologien der Simulation hingewiesen werden. Das interdisziplinäre Forschungsfeld der Bionik versteht die Natur als Vorbild für die Technik. Bionische Konstrukte ahmen die Natur für Problemlösungen im Kontext menschlicher Zwecksetzung nach. Ähnliches gilt für bestimmte Simulationstechniken, die reale Vorgänge so weitgehend imitieren, dass an ihnen vergleichbare Erfahrungen gewonnen werden können (z. B. Flug- oder Klimasimulationen).[4] Aber auch jenseits dieser Hochtechnologien lässt sich für bestimmte Techniken eine größere Naturnähe ausmachen. Die Industrie stellt etwa künstliche Lebensmittel oder Bekleidungen aus synthetischen Stoffen her, die ohne aufwendige Analysemethoden nicht mehr von ihren natürlichen Gegenstücken zu unterscheiden sind (z. B. synthetische versus natürliche Aromastoffe oder Fasern).

3. *Vermehrte Hybridzustände von Natur und Technik*: Vor allem durch Eingriffe in die belebte Natur werden Zustände, in denen sich nicht mehr zwischen Natur und Technik (im hier vorausgesetzten Sinn) unterscheiden lässt, bedeutsamer. Technische Veränderungen an Organismen verursachen Phänomene, deren Eigenschaften nicht mehr eindeutig Natur oder Technik zugeordnet werden können. Medikamente rufen etwa Phänomene hervor, die aus einer unauflösbaren Wechselwirkung zwischen den direkten Wirkungen des verabreichten Stoffes, den Reaktionen des Körpers auf diesen Stoff und unveränderter Stoffwechselprozesse hervorgehen (vgl. JONAS 1985, S. 165). Auch wenn dort, wo sich ein stattgefundener technischer Eingriff nicht mehr nachweisen lässt, wieder von Natur oder einer zweiten Natur gesprochen werden kann, bleibt ihre Grenze zur Technik durch das Anwachsen der Hybridzustände unscharf.

4. *Zunehmende Eindringtiefe der Technik in die Natur*: Mit der Miniaturisierung der Technik hat die Eindringtiefe in die Natur zugenommen. Moderne Verfahren gestatten, bis auf die Größenordnungen von Elementarteilchen Manipulationen vorzunehmen. Für die technische Verwertung von Naturveränderungen in den atomaren und molekularen Dimensionen sind die Nanotechnologie und die synthetische Biologie paradigmatisch. In beiden Bereichen wird die Auffassung vertreten, dass die Herstellung von künstlichem Leben – sei es aus der Manipulation der vorhandenen Arten, sei es aus anorganischer Materie – ein realistisches Ziel darstelle.[5] Allerdings sind die bisherigen Forschungen weit entfernt von der Schaffung artifizieller Wesen, die vorhandenen Lebewesen an Komplexität auch nur annähernd ähnlich wären. Die höher entwickelten Lebewesen sind von der Technik bislang nur partiell modifiziert worden. Die teils gegenläufigen, teils die Grenze von Natur und Technik verwischenden Tendenzen

---

4   Vgl. einführend zur Bionik Nachtigall 2010 und zur Simulation Morrison 2015.
5   Zur Nanotechnologie vgl. Schiemann 2006, S. 127. Zur Synthetischen Biologie vgl. Köchy 2014.

machen eine *einheitliche Beurteilung problematisch.* In einigen Bereichen hat sich die Differenz von Natur und Technik weiter vergrößert, insofern Naturgegenstände – vor allem Lebewesen – nahezu unverändert geblieben sind, während sich technische Gegenstände immer deutlicher von Natur abheben. Organismen, namentlich der Mensch, könnten sich womöglich als nur bedingt technisierbar herausstellen. Sollte sich zugleich die Tendenz zur Abgrenzung einer zunehmend eigenständigen Technik fortsetzen, verlöre vermutlich der humane Lebensbereich als Referenz für technische Innovationen künftig an Bedeutung. Wenn sich etwa die Aufhebung der Differenz als zu problematisch und nicht unbedingt notwendig für die Fortentwicklung der Technik erweisen würde, könnten technische Kulturen dazu tendieren, sich in größerem Abstand als heute von einer sich selbst überlassenen Natur zu etablieren. Diese Überlegung zu einem zukünftig möglichen Verhältnis von Natur und Technik hat natürlich nur modellhaften Charakter. Ich möchte dieses Szenario das *aristotelische Szenario* nennen. In ihm würden Hybridzustände eher die Ausnahme bleiben. Im Hinblick auf die Gewichte von Natur und Technik erlaubt das Szenario unterschiedliche Varianten. Die Naturverhältnisse könnten etwa weiterhin den gegenüber der Technik dominanten Rahmen abgeben. So ist es vorstellbar, dass technische Innovationen auch zukünftig maßgeblich von den vorhandenen natürlichen Rohstoffen abhängig oder die Kreativitätsleistungen künstlicher Intelligenz denen des Menschen unterlegen bleiben. Eine hochentwickelte eigenständige Technik wäre unter Umständen aber dazu in der Lage, das Relevanzverhältnis von Natur und Technik umzukehren, wenn sie sich – etwa mit Hilfe nanotechnologischer Verfahren – eine synthetische Materialbasis verschaffen, für die verbleibende Natur gleichsam Reservate vorgeben und ihr Grenzen setzen würde.

Insofern aber Natur und Technik heute schon vermehrt Hybride bilden und sich Technik immer perfekter der Natur anzunähern vermag, hat sich die Differenz von Natur und Technik in anderen Bereichen vermindert oder bereits aufgehoben. Käme es bei einer Verallgemeinerung der Technisierung zukünftig zu einer weitgehenden Verstärkung dieser Tendenzen, würden sie in der Lage sein, das Gewicht der Entfernung von Natur und Technik zu konterkarieren. Ich möchte den idealtypischen Fluchtpunkt einer Entwicklung, mit der die Differenz von Natur und Technik jede übergreifende Relevanz verloren hätte, das *nichtaristotelische Szenario* nennen. Technik wäre von Natur nicht mehr oder kaum noch zu unterscheiden bzw. hätte mit Natur neuartige Wirklichkeiten geschaffen, die nicht mehr Natur oder Technik zugeordnet werden könnten. Die Nichterkennbarkeit menschlicher Eingriffe stellte kein hinreichendes Kriterium mehr für Natur dar. Denn daraus, dass sich kein Eingriff nachweisen ließe, würde nicht folgen, dass kein Eingriff stattgefunden hat.[6] Auch wenn sich das nichtaristotelische Szenario durch den Verlust der Unterscheidbarkeit von Natur und Technik auszeichnet, entzieht es sich selbst

---

6   Die Elimination aller Eingriffsspuren ist für Hybride immer schon kennzeichnend.

nicht jeder Charakterisierung durch diese Differenz. Die umfassende Technisierung, der es sich verdankt, hätte Natur als dominanten Rahmen der Technikentwicklung beseitigt und damit das gegenwärtig noch bestimmende Relevanzverhältnis von Natur und Technik außer Kraft gesetzt.[7] Es sind weitere, weniger extreme Modelle denkbar, die jedoch nicht diskutiert werden müssen, da hier nur die aktuelle *Unbestimmtheit der weiteren Entwicklung* des Verhältnisses von Natur und Technik betont werden soll. Die historischen Entwicklungstrends prinzipiell inhärente Offenheit scheint im Hinblick auf das Verhältnis von Natur und Technik besonders ausgeprägt, was ich als Ausdruck eines Prozesses deute, in dem das Potential zu fundamentalen Neuordnungen der Wirklichkeiten und Vorstellungen, die durch die beiden Begriffe bezeichnet werden, liegt. Die zukünftigen Verschiebungen hängen nicht nur von den weiteren Entwicklungspfaden der Technisierung ab, sondern auch vom Widerstand, der ihnen handelnd entgegentritt. Technisierung vermag sich im aristotelischen Szenario selbst von Natur abzugrenzen und sie wird es umso mehr tun, je weniger sie auf die Aufhebung der Differenz zur Natur angewiesen sein wird. Wo aber diese Aufhebung eintritt, steigt die Relevanz von Handlungen, denen es um den Fortbestand der Trennung von Natur und Technik geht. Wesentliche Elemente dieses Interesses verorte ich in der Lebenswelt. Paradoxerweise ist sie nicht nur ein bevorzugtes Objekt von Technisierungsprozessen, sondern auch der bevorzugte Anwendungskontext der aristotelischen Unterscheidung.

2. Natur und Technik in der Lebenswelt

Der Ausdruck „Lebenswelt" meint eine spezielle Form der Alltagswelt. Alltagswelten zeichnen sich durch ihre Normalität, Selbstverständlichkeit und Vertrautheit aus. Man kann beispielsweise vom beruflichen Alltag, vom Alltag des Konsums oder der Freizeit sprechen. Die spezielle Form des Alltags, die mit der Lebenswelt gemeint ist, bezeichnet eine nichtprofessionelle und private Welt. Sie findet also jenseits von der Berufspraxis statt, kennt in der Regel aber auch Konsum und Freizeit. Ein Prototyp ist das häusliche Leben, wie viele es in der Familie erfahren. Das lebensweltliche Verstehen und Handeln wird von einem einheitlichen Hintergrundwissen getragen. Als ein mit vertrauten Personen geteilter Sozialraum, in dem die handelnden Personen körperlich anwesend sind, ist die Lebenswelt in gewisser Hinsicht eine nicht technische Welt. Kommunikation findet normaler Weise nicht über zwischengeschaltete Medien statt, sondern direkt von Angesicht zu Angesicht. Allgemeiner gesprochen ist die Lebenswelt eine *Wahrnehmungswelt*, in der die relevanten Objekte und Personen direkt sichtbar sind. Das Zeugnis der

---

7   Zum Verhältnis von Natur und Technik vgl. auch Carrier 2011.

Sinneswahrnehmung hat in der Lebenswelt eine orientierungs- und handlungsleitende Funktion. In einer technischen Zivilisation ist diese Bedingung in vielfacher Weise fragwürdig geworden. Ich werde die These vertreten, dass sie am ehesten noch in der Lebenswelt erfüllt ist.

Wie die ästhetische Erfahrung, die Schönheit vermittelst der sinnlichen Vermögen erschließt, ist lebensweltliche Erfahrung konstitutiv auf Wahrnehmungsleistungen angewiesen. Im Unterschied zur ästhetischen kommt der lebensweltlichen Erfahrung der Charakter der Selbstverständlichkeit zu. Die Lebenswelt ist eine *Oberflächenwelt*, in der sich die Aufmerksamkeit des Bewusstseins in selbstverständlicher Weise auf den praktischen Umgang mit bekannten Dingen und Personen richtet, wie sie in äußerer Anschauung erscheinen. Die Lebenswelt grenzt sich nicht nur gegen die ästhetische Erfahrung oder die schon genannten Berufswelten ab. Man verlässt seine Lebenswelt auch, wenn man etwa (schlafend) träumt, sich Phantasievorstellungen hingibt oder an einer nichtalltäglichen religiösen Praxis teilnimmt.

In der Lebenswelt lassen sich Natur und Technik in dem Sinn, wie ich Sie hier eingeführt habe, deutlich voneinander unterscheiden. Der Inbegriff der selbstbewegten Natur sind Pflanzen, Tiere und Menschen. Sie sind in der Regel unproblematisch von hergestellten Gegenständen, die eine im Wesentlichen unbewegte Welt bilden, abgehoben. Zur Identifikation des Lebendigen kommt es weniger darauf an, wie sich ein organischer Körper bewegt, als vielmehr, dass er sich von selbst verändert. *Selbstbewegung* meint eine nicht vorausberechenbare, ohne willentliche Einwirkung des beobachtenden Menschen sich vollziehende Bewegung. Sie bleibt für den Betrachter auch ohne ausgeprägte Strukturmerkmale erkennbar, was umso mehr gilt, wo sich die Kunstwelt der lebensweltlichen Dinge vom Lebendigen außer durch relative Bewegungslosigkeit auch durch ein hohes Maß an menschlich gestalteter Ordnung unterscheidet. So wird etwa der gezüchtete, vielleicht genetisch manipulierte Hamster einem anderen Gegenstandstypus zugeordnet als etwa das batteriebetriebene Spielzeugauto oder die wildwachsende Pflanze ihrem Plastikimitat entgegengesetzt.[8]

Im Folgenden möchte ich die Erkennbarkeit der Unterscheidung von Natur und Technik in modernen Lebenswelten an zwei Beispielen diskutieren. Im ersten Beispiel suche ich die der äußeren lebensweltlichen Wahrnehmung geläufige Natur-Technik-Differenz auf die Erfahrung des Leibes zu übertragen. Leiberfahrung ist seit der neuzeitlichen Entdeckung des Subjektes für die Lebenswelt bedeutsamer geworden und findet oftmals im Übergang zur subjektiven Erfahrung statt.[9] Der Leib erweist sich als das lebensweltliche Zentrum der Natur, das sensibel auf Technologisierungen der Lebenswelt reagiert (a). Das zweite Beispiel handelt von einer Technologisierung und ist insofern

---

8   Zum Begriff der Lebenswelt und zur Anwendung des aristotelischen Naturbegriffes auf lebensweltliche Erfahrung vgl. Schiemann 2009 S. 89 ff. und 127 ff.

9   A.a.O., S. 229 ff.

dem vorangehenden entgegengesetzt. Es gewinnt seine Bedeutung für die Lebenswelt aus einer randständigen Position, denn sein Thema, die Auswirkungen der Reproduktionstechnologie, bezieht sich mit der Geburt auf ein außerordentliches Ereignis, dem im abendländischen Kulturkreis in der Regel zu wenig Selbstverständlichkeit zukommt, als dass es ohne weiteres als lebensweltlich gelten kann. Zudem finden die Eingriffe dieser Technologie jenseits der Lebenswelt in medizinischen Institutionen statt. Sie tragen aber zur Technologisierung der Lebenswelt und damit dort zur Aufhebung der aristotelischen Entgegensetzung von Natur und Technik bei. In dieser zersetzenden Wirkung liegt ein Argument gegen sie, das ich von Jürgen Habermas übernehme (b).[10]

(a) Die Wahrnehmbarkeit des Leibes

Wenn man seine Aufmerksamkeit auf die Gegenstände der Sinneswahrnehmung richtet, spürt man seinen Leib normalerweise nicht. „Leib" meint die Selbsterfahrung des eigenen Körpers und seiner Eingelassenheit in die umgebende Welt. Gegenüber dem Bewusstsein hat der Körper durchscheinenden Charakter. Über die die Wahrnehmung ermöglichenden Körperaktivitäten stehen dem Subjekt in aller Regel keine Informationen zur Verfügung. In nichtpathologischer äußerer Wahrnehmung sieht man etwa einen Gegenstand, nicht aber die Sinnesorgane, mit denen er wahrgenommen wird, und erfährt auch nichts über den Anteil der Umgebungsmedien am Zustandekommen der Wahrnehmung. Vergleichbares gilt für die innere Wahrnehmung. Gesundheit zeichnet sich gerade dadurch aus, dass sie den eigenen Körper für das eigene Erleben weitgehend unsichtbar macht. Vom übergroßen Teil seines Körpers hat man in der Lebenswelt jenseits von affektiver Betroffenheit allenfalls Empfindungen bei Funktionsstörungen.

In Grenzen kann das, was sich auf diese Art der Erfahrung meist entzieht, als „Natur, die wir selbst sind" (Gernot Böhme), verstanden werden. Dieser Begriff einer eigenen Natur des Menschen steht in Tradition der aristotelischen Natur-Technik-Differenz:

„[Aristoteles] definiert […] Seiendes, das von Natur aus ist, als solches, das das Prinzip seiner Bewegung in sich habe, während durch Technik Seiendes von der Art ist, dass es das Prinzip seiner Bewegung (das heißt Entstehung, Wandlung und Reproduktion) im Menschen habe. Wenn wir den Leib als Natur definieren, so stellen wir uns explizit in diesen von […] Aristoteles hergeleiteten Traditionszusammenhang. Der Leib wird apostrophiert als etwas, das uns gegeben ist. Man könnte vermuten, dass damit Leib qua Natur von vornherein als […] eine Art anthropologische Konstante eingeführt wäre. Das

---

10 In Schiemann 2014 diskutierte ich als weiteres Beispiel die äußere Wahrnehmung in der Lebenswelt.

ist aber nicht der Fall [...], weil man ja auch Gegebenes in Gemachtes verwandeln kann. Genau das zu tun, war ja auf breiter Linie das Projekt der Moderne" (Böhme 2011, S. 558).

Zu den herausragenden Beispielen selbsterfahrener Selbstbewegung gehören der Herzschlag und die eigene Atmung. Die Gegebenheit dieser Bewegungen zeichnet sich durch ihre *Unabhängigkeit vom Willen* als intentionalem Bewusstseinszustand aus: Man kann weder sein Herz noch seine Atmung allein durch eigenen Entschluss zum Stillstand bringen. So zwingend Selbstbewegung in die Erfahrung eingeht, so reduziert stellt sie sich jedoch dem Bewusstsein dar. Man erlebt nicht die Tätigkeit des Herzens im Zusammenhang zu anderen leiblichen Funktionen, sondern nur den Herzschlag. Entsprechendes trifft für die Erfahrung anderer leiblicher Regungen und Zustände zu. Empfindungen fokussieren sich auf einzelne Körperstellen, im Fall von Schmerzen etwa auf beschädigte Körperteile. Auch ganzheitliche Leibzustände wie zum Beispiel Stimmungen können in ihrer Unbestimmtheit nur eingeschränkt wahrgenommen werden. Insgesamt tritt die selbsterfahrene Natur immer *nur unvollständig* in Erscheinung. Nicht nur die Ursachen der Bewegung erschließen sich dem Bewusstsein nicht – wofür der Ausdruck „Selbstbewegung" steht –, sondern der Selbstbewegung kommt zudem ein strukturelles Element der Dunkelheit und Unergründlichkeit zu.

Hierin unterscheiden sie sich kategorial von den in der Lebenswelt vorkommenden technischen Bewegungen, deren Herkunft und Funktionsweise (im aristotelischen Verständnis) im Prinzip restlos durchsichtig sind. Auch Leiberfahrungen können *Erfahrung von aristotelischer Technik* sein, wenn Gegebenes in geeigneter Weise in Gemachtes umgewandelt wird. So kann die durch eine medizinische Maßnahme bewirkte Veränderung des Körpers partiell erlebt werden. Dinge, die als Mittel der medizinischen Technik in den menschlichen Körper eingebracht werden (künstliche Zähne, künstliche und natürliche Organe und Glieder, Pumpen, Schläuche usw.), heben sich insbesondere bei Funktionsstörungen im eigenen Erleben des Leibes als gesonderte Gegenstandsbereiche ab. Man fühlt den Ort, an dem etwa eine Prothese (z. B. im Bereich der Beine) befestigt ist, man weiß um die durch sie bedingte Leibwahrnehmung (des Gehens) oder des allgemeinen Befindens. Oft fallen Wirkbestandteile von Medikamenten ins Bewusstsein (z. B. der Beginn der Wirkung eines Schlafmittels). Zur Erfahrung der Natur-Technik-Differenz gehören nicht zuletzt auch Leibveränderungen, die durch technische Manipulationen der Lebensbedingungen verursacht sind. Wenn Industrieemissionen das Atmen erschweren oder künstliche Nahrungsmittelzusätze zu Unwohlsein führen, ist der Leib eine Instanz der Natur, die sich im Erleben gegen die Technik erhebt.[11]

---

11   Die durch technische Manipulation der Lebensbedingungen bewirkten Leiden gleichen allerdings anderen Krankheiten darin, dass ihr Entstehungskontext meist nicht wahrnehmbar ist. Ihr nicht natürlicher Ursprung ist als solcher so wenig erkennbar wie die natürlichen Ursachen von Erkrankungen der eigenen Natur.

Grundsätzlich bleibt indes die Differenz von Natur und Technik leiblich vermittelt *weniger scharf* als in der äußerlichen Wahrnehmung. Technisch bewirkte Leibzustände stellen ganz oder teilweise Hybride dar, die keinen Unterschied mehr zwischen Natur und Technik kennen. Wenn sich bei nur begrenzter Hybridbildung künstliche Gegenstände im Körper gegenüber ihrer natürlichen Umgebung abheben, dann vermag die Anwendung des Selbstbewegungskriteriums zudem *in die Irre zu führen.* Eine technisch induzierte Dynamik (Schrittmacher, Pumpen usw.) kann vom Bewusstsein nicht notwendig als solche identifiziert werden. Statt zur Wahrnehmung einer Einschränkung der Natur, die man selbst ist, zu führen, kann ein wachsendes Ausmaß technisch induzierter Leiberfahrung überdies zu Veränderungen des Charakters der Selbstwahrnehmung führen. Wenn etwa durch technische Eingriffe (z.B. Verabreichung von Psychopharmaka) bedingte mentale Zustände die Identität des Individuums beträfen, wäre die Möglichkeit einer grundlegenden Umstrukturierung der eigenen Erlebnisqualität nicht mehr auszuschließen. Nur noch vermittelt über die Erinnerung, die vom neuen Gesamtzustand nicht unabhängig wäre, würde sich der ursprüngliche bzw. natürliche Zustand darstellen. Demgegenüber klassifiziert die aristotelische Entgegensetzung allein gegenwärtig präsente Gegenstände.

Die undeutliche innere Grenzziehung zwischen Natur und Technik lässt den Leib als Gegebenes fragwürdig erscheinen. Der heutige menschliche Körper ist schon durch weit zurückreichende Kulturtechniken geformt worden und wird in Zukunft weiter Gegenstand technischer Veränderungen sein. Doch die physiologische Einschreibung dieser epochenübergreifenden Entwicklung haben bisherige Eingriffe der modernen Technik erst nur partiell verändert. Der Leib als aristotelisch verstandene Natur ist zwar nicht ein unhintergehbar Gegebenes (eine anthropologische Konstante), kann aber mit Böhme – und, wie ich im nächsten Abschnitt zeige, auch mit Habermas – als *eine normative Setzung* verstanden werden, die eine Instanz gegen die technische Manipulation des Körpers durch Pharmakologie, Reproduktionsmedizin, Transplantationsmedizin, Gentechnik etc. begründet.

(b) Die Technisierung der Reproduktion

Dass in der Lebenswelt allen bisherigen Technisierungen der Natur zum Trotz immer noch vom Bestehen der „trennscharfen Kategorien des Hergestellten und des von Natur aus Gewordenen" (HABERMAS 2001, S. 83) auszugehen ist, führt Jürgen Habermas auf die gleichsam aristotelische Verfassung der Lebenswelt zurück.[12] Wie in der Antike so könne man auch heute zwischen den

---

12   Vgl. entsprechend Habermas 2001, S. 77. Lebensweltliche und aristotelische Erfahrung teilen den Bezug auf unmittelbare Sinneswahrnehmung, auf direkte Handlungen, auf das Hintergrundwissens und – von mir nicht als notwendiges Kriterium aufgenommen – auf eine Gleichförmigkeit garantierende Praxis. Vgl. Schiemann 2005 S. 153; sowie Mittelstraß 1973, S. 63–87 und 1974, S. 63 f.

„vertrauten Handlungsformen der technischen Verarbeitung von Material einerseits und des kultivierenden oder therapeutischen Umgangs mit der organischen Natur andererseits" unterscheiden (ebd.) Dieser Verknüpfung der Wirksamkeit der kategorialen Natur-Technik-Differenz mit Handlungsformen scheint mir Habermas' umfassender Lebensweltbegriff vorausgesetzt zu sein. Er bezeichnet weniger eine Erfahrungswirklichkeit als eine theoretische Entität, die auf den gesamten gesellschaftlichen Objektbereich der über Kommunikation vermittelten Handlungskoordinierung rekurriert. In die Sphären des Privaten und Öffentlichen gegliedert, zählen zu diesem Bereich auch die Expertenkulturen der Wissenschaft, der Moral und der Kunst. Durch sein verschiedene Erfahrungswirklichkeiten umgreifendes Spektrum verliert der Lebensweltbegriff zwar kritisches Potenzial. Indem er nicht wie der von mir vorgestellte und im Folgenden allein verwendete Begriff auf die alltagspraktisch wahrnehmbaren Wirkungen von Technisierungen beschränkt bleibt, gestattet er aber eine umfassendere Auseinandersetzung mit ihren Hintergründen.

Technisierungen gefährden die Existenz der Lebenswelt. (vgl. Schiemann 2016) Sie verändern nicht nur die Struktur der Erfahrung, sondern unterhöhlen auch die lebensweltlichen Bedingungen zur Beurteilung des Prozesses, indem sie die Grundlagen der Anwendung der Natur-Technik-Differenz aufheben. Habermas demonstriert diese Aufhebung der heute noch orientierungsleitenden Unterscheidung am Beispiel reproduktionstechnologischer Eingriffe:

„In dem Maße, wie die zufallsgesteuerte Evolution der Arten in den Eingriffsbereich der Gentechnologie und damit des von uns zu verantwortenden Handels rückt, entdifferenzieren sich die in der Lebenswelt nach wie vor trennscharfen Kategorien des Hergestellten und des von der Natur aus Gewordenen." (Habermas 2001, S. 83).

Die zufallsgesteuerten und insofern naturgegebenen Anteile des Evolutionsprozesses sorgen für eine physiologische Ausstattung des Körpers, für die niemand verantwortlich gemacht werden kann. Sie bilden die Grundlage der Leiberfahrungen und den Ausgangspunkt für die eigene Lebensgestaltung. In Form der *positiven Eugenik* zielt die Gentechnologie darauf ab, die zukünftige naturale Basis von Leiberfahrung und Lebensgestaltung von Personen zum Gegenstand menschlichen Handelns von anderen Personen werden zu lassen. Dabei geht es nicht nur um den Schutz vor genetisch bedingten Krankheiten durch Verringerung negativ bewerteter Erbanlagen (*negative Eugenik*), sondern auch um die Förderung von Erbanlagen, die nach vorgeburtlichen Präferenzen ausgewählt werden. Die modifizierte naturale Basis konstituiert einen fremdbestimmten Beitrag zu den Entwicklungsvoraussetzungen einer Person, der deren Autonomie und damit die Grundlage der Moral in Frage stellt. Nicht nur wird der Bereich des Natürlichen zugunsten des Künstlichen eingeschränkt, sondern zugleich die Grenzziehung zwischen dem Natürlichen und dem Künstlichen überhaupt aufgeweicht. Die technischen Anteile eines Eingriffes in die belebte Natur lassen sich nach dem Eingriff nicht mehr isolieren.

Gegen die Einschränkung der autonomen Leiberfahrung und die Untergrabung ihrer Abgrenzung gegen das instrumentelle Handeln gilt es nach Habermas an der Natur-Technik-Differenz festzuhalten:

> „Zum Selbsteinkönnen ist es auch nötig, dass die Person im eigenen Leib gewissermaßen zu Hause ist. […] Und damit sich die Person mit ihrem Leib eins fühlen kann, scheint er als naturwüchsig erfahren werden zu müssen – als die Fortsetzung des organischen, sich selbst regenerierenden Lebens, aus dem heraus die Person geboren ist." (HABERMAS 2001, S. 101).

Die *Norm* einer sich selbstbewegenden Natur legitimiert bei Habermas eine weitreichende, dem sogenannten „Biokonservatismus" zuzuordnende Einschränkung reproduktionstechnologischer Eingriffe.[13] Vorausgesetzt, die positive lasse sich hinreichend scharf von der negativen Eugenik unterscheiden, dann schreibt das Verbot der Ersteren den gegenwärtigen, bloß von heilbaren Leiden befreiten Naturzustand des Menschen als Bedingung der Moralität fest. Das Argument kann keine biographisch später einsetzende, nicht mehr reproduktionstechnologisch bewirkte Technisierung des Körpers verhindern – wie zum Beispiel Ray Kurzweils Visionen der Verbindung von menschlichem Denken und Maschinenintelligenz (vgl. KURZWEIL 1999). Es restringiert Technisierungen des menschlichen Leibes auf Eingriffe in die im aristotelischen Sinn naturgegebene Form, die mit dem erwachsenen Körper gegeben ist, den eine Person hat und als Leib ist. Insofern handelt es sich um die Begründung einer Konstellation, die in Richtung des aristotelischen Szenarios verweist.

3. Grenzen der Form lebensweltlicher Technisierung

Für das lebensweltliche Selbstverständnis des Menschen ist die Differenz der aristotelischen Natur zur Technik immer noch konstitutiv, auch wenn die Grenzziehungen zwischen Natur und Technik undeutlicher geworden sind. Noch lässt sich nicht nur die überwiegende Zahl

---

13 Habermas bezeichnet sich auch selbst als Biokonservativer (vgl. Der Standard 2017).

der lebensweltlichen Gegenstände der äußeren Wahrnehmung in natürliche und technische klassifizieren, sondern der Mensch grenzt sich auch selbst als Naturwesen qua Leib von den technischen Gegenständen, die ihm in seiner Lebenswelt begegnen, ab.

Zugleich ist die Lebenswelt aber bevorzugtes Objekt von *Technisierungsprozessen*. Es scheint mir nicht abwegig zu sein, sogar ein lebensweltliches Interesse an Geräten, Verfahren und Einrichtungen anzunehmen, dass einer der treibenden Faktoren für die vergangenen Technisierungsprozesse war. Man denke nur an den anhaltend hohen Absatz von Kraftfahrzeugen für die private Nutzung, die ubiquitäre Verbreitung von persönlich verwendeten Laptops oder digitalen Kameras oder die mittlerweile durchgreifende Verbindung von Lifestyle und Smartphones. Doch so beachtlich sich auch die Faszination für technische Entitäten in der Lebenswelt ausnimmt, so auffällig ist doch die Distanz, die zu ihnen ebenso besteht.

Der Philosoph Hans Blumenberg hat am Beispiel der Ersetzung der mechanischen durch elektrische Türklingeln gezeigt, dass die Verbreitung des Wissens, das der Technisierung zugrunde liegt, *in der Lebenswelt begrenzt* bleibt. Während bei den mechanischen Vorrichtungen (Zug- und Drehklingeln) die Betätigung in einem sinnlich nachvollziehbaren Zusammenhang mit dem Effekt stehe, werde die Wirkung durch das Drücken des Knopfes der elektrischen Klingel nur noch ausgelöst. In einer – wie ich es nennen würde – Knopfdruckwelt – verbergen sich die Funktionsweisen hinter den Gehäusen, wird das Technische und mit ihm seine wissenschaftlichen Voraussetzungen unsichtbar (vgl. BLUMENBERG 2010, S. 210f). Indem die stets schon fertige Welt des Technischen alle Fragen abweist, ermöglicht sie – um Blumenberg zu zitieren – „die Umkleidung des künstlichen Produktes mit Selbstverständlichkeit" (ebd.). Selbstverständliche Handlungsvollzüge im Bereich des Wahrnehmbaren sind es aber gerade, durch die sich die Lebenswelt gegenüber anderen Erfahrungsweisen auszeichnet. Die Herausbildung der Knopfdruckwelt entspricht auch ganz dem lebensweltlichen Gewicht der äußeren Wahrnehmung, die sich überhaupt nur mit Oberflächen zufrieden gibt. Die Unsichtbarkeit des Technischen, die auch als ihr Blackbox-Charakter bezeichnet wird, trägt dazu bei, den mit Technisierungen verbundenen Einfluss auf das menschliche Selbstverständnis in Grenzen zu halten. So wie das Innere der Mitmenschen in aller Regel lebensweltlich nicht thematisiert wird, muss auch das Innere der Technik nicht in den Blick kommen.

Blumenberg weist aber auch darauf hin, dass Technik lebensweltliche Handlungen uniformiert und immer mehr zur Voraussetzung des lebensweltlichen Daseins wird (ebd.) Die wachsende Abhängigkeit von technischen Verfahren, die die Lebenswelt in der Moderne mit nahezu allen anderen Erfahrungsbereichen teilt, ist jedoch nur im *Störungsfall* thematisch. Die in der Lebenswelt zum Einsatz kommenden Geräte können schon bei kleinen Mängeln meist nicht mehr ohne externen Sachverstand repariert werden. Um Störungsmöglichkeiten systematisch auszuschalten, sind die Geräte der modernen Technik zunehmend so organisiert, dass die Möglichkeit von fehlerhaften Handhabungen minimiert ist und durch sie kaum ein Schaden entstehen kann. Die *„idiotensichere" Technik* steht in bezeichnendem Kontrast zur Komplexität ihrer Funktionsweisen. So wenig man von den technischen Funktionsweisen verstehen muss, so wenig muss man sich um die wissenschaftlichen Erkenntnisse, die den Funktionsweisen zugrunde liegen, kümmern. Und würde man sich für das der Technik zugrundeliegende wissenschaftliche Wissen interessieren, würde man vermutlich als erstes feststellen, dass einem dafür elementare Voraussetzungen fehlen. Die in der Lebenswelt eingesetzte Technik greift auf Kenntnisse etwa aus der Physik oder der Biochemie zurück, die sich erst in jahrelangem Studium aneignen lassen. Das Spezialwissen ist nicht nur für die meisten Bewohner der Lebenswelt uneinholbar, sondern auch schon für Fachleute aus anderen Disziplinen.

Resümee

Generell lässt sich das Verhältnis von Natur und Technik zurzeit nicht eindeutig charakterisieren. In dieser unübersichtlichen Situation können Technisierungen aufgewiesen werden, die die aristotelische Natur noch nicht aufgehoben haben und vielleicht auch nicht aufheben werden. Die Lebenswelt steht paradigmatisch für die immer noch mögliche Unterscheidbarkeit von Natur und Technik. Der menschliche Körper ist selbst der Inbegriff lebensweltlicher Natur. Dank ihres Black-Box-Charakters und ihrer hoch entwickelten Störungssicherheit erlaubt die lebensweltliche Technik den Menschen die Einnahme einer distanzierten Haltung zu ihr. Man hat lebensweltlich in aller Regel nicht nur keine weitergehende Kenntnis von den komplizierten Funktionsweisen der Technik – man benötigt sie auch nicht. In einer fortschreitend technisierten Welt halte ich dies für das eigentlich erstaunliche Phänomen.

Literaturverzeichnis

BIRNBACHER, D. (1985): Technik; in: Philosophie. Ein Grundkurs, Bd. 2, hrsg. von E. Martens / H. Schnädelbach, Reinbek: Rowohlt, S. 606–641.

BLUMENBERG, H. (2010): Theorie der Lebenswelt. Frankfurt/M.: Suhrkamp.

BÖHME, G. (2011): Der Begriff des Leibes: Die Natur, die wir selbst sind; in: Deutsche Zeitschrift für Philosophie 59 (4)/2011, S. 553–563.

CARRIER, M. (2011): Knowledge is power. Or how to capture the relations between science and technoscience; in: Science transformed? Debating claims of an epochal break, hrsg. von A. Nordmann / H. Radder / G. Schiemann, Pittsburgh: University of Pittsburgh Press, S. 43–53.

DER STANDARD (2012): Habermas ist gerne ein „Biokonservativer"; in: derStandard.at vom 23. Mai 2012. URL: *http:// derstandard.at/1336697435066/Wien-Besuch-Habermas-ist-gerne-ein-Biokonservativer* (zuletzt aufgerufen am 6.7.2017).

FALKENBURG, B. (2017): Natur; in: Naturphilosophie. hrsg. T. Kirchhoff et al., Tübingen: Mohr Siebeck, S. 96–102.

HABERMAS, J. (2001): Die Zukunft der menschlichen Natur. Auf dem Weg zu einer liberalen Eugenik, Frankfurt/M.: Suhrkamp.

JONAS, H. (1985): Lasst uns einen Menschen klonen: Von der Eugenik zur Gentechnologie; in: Technik, Medizin und Ethik. Zur Praxis des Prinzips Verantwortung, hrsg. v. dems., Frankfurt/M.: Insel, S. 162–203.

KÖCHY, C. (2014): Konstruierte Natur? Eine Fallstudie zur Synthetischen Biologie; in: Welche Natur brauchen wir?, hrsg. von G. Hartung / T. Kirchhoff, Freiburg: Alber Verlag, S. 299–316.

KREBS, A. (1997): Naturethik im Überblick; in: Naturethik. Grundtexte der gegenwärtigen tier- und ökoethischen Diskussion, hrsg. von ders., Frankfurt/M.: Suhrkamp, S. 337–379.

KURZWEIL, R. (1999): Homo sapiens. Leben im 21. Jahrhundert. Was bleibt vom Menschen?, Berlin: Kiepenheuer & Witsch.

MITTELSTRASS, J. (1973): Metaphysik der Natur in der Methodologie der Naturwissenschaften. Zur Rolle phänomenaler (Aristotelischer) und instrumentaler (Galileischer) Erfahrungsbegriffe in der Physik; in: Natur und Geschichte, X. Deutscher Kongress für Philosophie, hrsg. von K. Hübner / A. Menne, Hamburg: Felix Meiner, S. 63–87.

MITTELSTRASS, J. (1974): Die Möglichkeit von Wissenschaft, Frankfurt/M.: Suhrkamp.

MORRISON, M. (2015): Reconstructing Reality Models, Mathematics, and Simulations. Oxford: Oxford University Press.

NACHTIGALL, W.: Bionik als Wissenschaft: Erkennen – Abstrahieren – Umsetzen. Berlin/Heidelberg: Springer-Verlag.

SCHIEMANN, G. (2005): Natur, Technik, Geist. Kontexte der Natur nach Aristoteles und Descartes in lebensweltlicher und subjektiver Erfahrung, Berlin: de Gruyter.

SCHIEMANN, G. (2006): Kein Weg vorbei an der Natur: Natur als Gegenpart und Voraussetzung der Nanotechnologie; in: Nanotechnologie im Kontext. Philosophische, ethische und gesellschaftliche Perspektiven, hrsg. von A. Nordmann / J. Schummer / A. Schwarz, Berlin: Akademie Verlag, S. 115–130.

SCHIEMANN, G. (2014): Die Relevanz nichttechnischer Natur. Aristoteles' Natur-Technik-Differenz in der Moderne; in: Welche Natur brauchen wir?, hrsg. von G. Hartung / T. Kirchhoff, Freiburg: Alber Verlag, S. 67–96.

SCHIEMANN, G. (2016): Persistenz der Lebenswelt? Das Verhältnis von Lebenswelt und Wissenschaft in der Moderne; in: Abschied von der Lebenswelt?, hrsg. von T. Müller, Frankfurt/M.,: Suhrkamp, S. 181–200.

Neuro-Enhancement –
der Mensch in einer Upgrade-Kultur?

Matthias Herrgen

Abstract:

Neuro-Enhancement, die Steigerung der Hirnfunktionen, scheint in gewissen Lebensbereichen Optionen im Sinne einer Upgrade-Kultur anzubieten: Wenn ich in Schule oder Beruf kurzzeitig hohen Leistungsanforderungen entsprechen muss, dann gönne ich mir und meinem Hirn ein „Upgrade" – ich lerne schneller, memoriere besser oder helle meine Stimmung auf. Der Beitrag hinterfragt die anthropologischen Dimensionen dieses Verdachts und kontrastiert sie mit ethischen Überlegungen zum Einsatz der (pharmazeutisch)-technischen Mittel zur Leistungssteigerung des menschlichen Gehirns in der rezenten Leistungsgesellschaft.

Neuro-Enhancement – upgrades for human beings?
Abstract: *Neuro-Enhancement seems to offer solutions for coping with stress situations in daily routines. An upgraded brain learns easier, runs faster and may even alter moods in desired directions. This article develops an anthropological perspective on techniques of Neuro-Enhancement and introduces ethical issues dealing with this phenomenon in our present meritocracy.*

1. Einleitung

Die Idee einer technischen Verbesserung des Körpers oder seiner Funktionen ist ein bekannter Topos der Anthropologie. Technologien werden, beispielsweise in der Anthropologie Arnold Gehlens, gleichermaßen als Organverstärkung, Organentlastung und Organausschaltung beschrieben, in denen „der Mensch sich die Natur dienstbar macht, ausnützt und gegeneinander ausspielt" (GEHLEN 2004, S. 7). Insbesondere im Begriff der Organverstärkung kommt die Idee des Enhancements, also einer Steigerung bzw. Verbesserung in einem allgemeinen Sinne, zur Geltung. Der Gedanke eines Faustkeils, der die Schlagkraft der Hand erhöht, oder einer Zange, die den Kraftgriff des Menschen um ein Vielfaches steigert, erscheint trivial. Ändert sich jedoch im Rahmen der angesprochenen Verbesserung des Körpers oder seiner Funktionen die „Natur des Menschen", wird die Technik also nicht vom Menschen genutzt als Teil einer ihm verfügbaren Umwelt, sondern inkorporiert, ergibt sich ein anthropologisches Problemszenario: Mit der Invasivität, der Eingriffstiefe in somatische Strukturen (von der Prothetik bis zur Implantologie) und genomische Dispositionen, wird vielerorts ein Dammbruch-Kriterium verknüpft: Die (vermeintliche) Natürlichkeit des Körpers durch technische Eingriffe aufzubrechen, komme einer (Selbst-)Auflösung des Menschen gleich.

Jüngere Debatten um das sog. Neuro-Enhancement sollen in diesem Beitrag vorgestellt werden, um einige Aspekte einer *neuropharmakologischen* Verbesserung vorzustellen. Unter pharmazeutischem Neuro-Enhancement wird die Einnahme eines pharmakologischen Wirkstoffs verstanden, dessen Einwirkungen auf den Hirnstoffwechsel zu jedweden Änderungen neurologischer Funktionen unter der Maxime einer – wie auch immer gearteten – Verbesserung führen. Es geht in diesem Beitrag jedoch nicht um die „Leistungsversprechen" diverser Präparate, daher wird auf Marken- oder Wirkstoffnamen bewusst verzichtet. Vielmehr geht es um den Versuch eines Überblicks, inwieweit die Optionsräume menschlicher Selbstgestaltung – hier also einer pharmazeutisch-technischen Verbesserung – Charakterzüge einer technischen Innovation haben. Der Titel „Upgrade-Kultur" legt diesen Transfer nahe: Unsere Alltagswelt zwingt uns faktisch dazu, technische Gerätschaften durch Upgrades, beispielsweise neue Betriebssysteme in Computern und Smartphones, zu warten, an neue Standards anzupassen – nicht zuletzt aber, um bekannte Fehler oder Schwachstellen auszumerzen. Gilt dies in vergleichbarer Weise auch für den menschlichen Körper? Sind Eingriffe, beispielsweise in der plastischen Chirurgie, ästhetische Anpassungsprozesse, die sich an stetig wechselnden Maximen orientieren? Sofern wir auf einen „Mensch 2.0" zusteuern würden, um die technische Terminologie aufzugreifen, die mit steigenden Versionsnummern stete Neuerungen artikuliert, müssten sich Kriterien ausweisen lassen, mit denen die Qualität der Verbesserungen bestimmbar wäre. Was also leisten Präparate zur Steigerung der Konzentrationsfähigkeit bspw. bei Prüfungssituationen, „smart drugs" zur

Fokussierung und Memorierung in Lernphasen, „happy pills" zur Steuerung oder Anpassung mentaler Stimmungen je nach privaten oder beruflichen/gesellschaftlichen Präferenzen als auch Inhibitoren von Angstzuständen, deren Einsatz beispielsweise bei darstellenden Künstlern dokumentiert ist, wirklich? Sind diese ein „Upgrade" *meiner* Hirnfunktion, ausgewählt und reversibel implementiert durch die Einnahme des entsprechenden neuropharmazeutischen Wirkstoffs – oder sind sie ein letztlich determiniertes Ergebnis des Wirkstoffs *an sich*?

In fünf Punkten versucht dieser Beitrag, das rezente Phänomen des Neuro-Enhancements in Grundzügen vorzustellen und zentrale Aspekte im Sinne einer ethischen Reflexion heraus-zuarbeiten. In Kapitel 1 „Doping vs. Enhancement" werden grundlegende Vorüberlegungen zur Debatte der Leistungssteigerung angestellt und terminologische Aspekte geklärt, das Kapitel 2 „Therapie?" greift das Abgrenzungsproblem zum therapeutisch induzierten Einsatz von Neuroenhancement-Präparaten auf. Kapitel 3 „Leistungsgesellschaft" hinterfragt soziale/gesellschaftliche Strukturen, die das lebensweltliche Szenario jedweder Erfordernisse einer Enhancement-Praxis darstellen, während Kapitel 4 *pars pro toto* „Autonomie und Selbstwirk-samkeit" als Leitbegriffe ethischer Reflexion einführt. Im Kapitel 5 „Transhumanismus" sollen schlussendlich die „Technikoptimisten" zu Wort kommen, für die jedwede technische Verbes-serung/Erweiterung des Menschen grundsätzlich geboten erscheint. Eine Schlussbetrachtung resümiert und kondensiert mit Blick auf die Herausforderungen, die sich innerhalb einer technisierten Lebenswelt stellen. [1]

2. Perspektiven auf das Neuro-Enhancement
2.1 Doping vs. Enhancement

Die Vokabel „Hirn-Doping" impliziert, der etablierten Verwendung des „Doping"-Begriffes im Sport geschuldet, einen Missbrauch- oder Täuschungsvorwurf. So wie im Sport durch leis-tungssteigernde Präparate gewisse Körperparameter „gefälscht" werden, somit ein Betrug am „ehrlichen" Sportler vorliegt, dessen Leistungen durch Training etc. sichergestellt werden, zielt der Begriff des Hirn-Dopings auf genau diesen Aspekt des Einsatzes neuropharmazeutischer Präparate ab. Während der Begriff im Sport hinsichtlich rein physiologischer Aspekte gilt, so scheint die Praxis des Neuro-Enhancements im technischen Sinne eine Erweiterung der Mo-difikationsmöglichkeiten des menschlichen Körpers nun auch auf geistige/mentale Funktionen anzubieten, in denen einige gewünschte Funktionen des „Geistes" durch Hilfsmittel hervor-

---

1 Zur besseren Lesbarkeit versteht sich der Fließtext als eine eher essayistische Abhandlung, die jeweiligen Vertreter der vorgestellten Positionen bzw. Belegstellen finden sich daher meist in den Fußnoten.

gebracht werden können – in täuschender Absicht? Spätestens seit dem Memorandum „Das optimierte Gehirn", das 2009 in dem Periodikum „Gehirn und Geist" erschien (vgl. GALERT ET AL. 2009), wurde die anthropologische Dimension der rein selbstbezüglichen Dimension des Neuro-Enhancements stärker in der Debatte berücksichtigt. Anders formuliert: Der Doping-Begriff verschattet die durch die pharmazeutischen Mittel erreichte neue Dimension menschlicher Selbstgestaltung. Wer sich zum besseren Musikgenuss individuell für auditives Empfinden stärker sensibilisiert und damit seine Lebensqualität steigert, begeht dadurch sicher keine Wettbewerbsverzerrung. In einem größeren Betrachtungsrahmen, durchaus mit utilitaristischem Unterton, werden des Weiteren Szenarien des Nachteilsausgleichs diskutiert, in denen Menschen mit defizitärer Konstitution, die ihnen in jedweder Form die Teilhabe am Alltags- und Berufsleben erschweren oder verunmöglichen, durch Enhancement-Technik eine Wiedereingliederung ermöglicht wird. Auch hier ist der Betrugs-Begriff schwer anzubringen, so dass der Begriff des Neuro-Enhancements seither als Leitbegriff der Debatte bezeichnet werden kann und den ursprünglich gebräuchlichen Terminus „Hirn-Doping" abgelöst hat. Insbesondere technikoptimistische Denker (vgl. DUBLJEVIC 2014) sehen darin bisweilen sogar Möglichkeiten, beispielsweise gesellschaftliche Chancengleichheit herzustellen (eine Verteilungsgerechtigkeit vorausgesetzt, so dass jeder Zugang zu entsprechenden Präparaten hat), oder sogar durch *moral enhancement* (vgl. DOUGLAS 2008) neue Wege des sozialen Miteinanders einschlagen zu können.

2.2 Therapie?

Auch wenn sich kein Medien-Hype um das Neuro-Enhancement nachweisen lässt (vgl. SCHÄFER ET AL. 2016), dominiert im Bildungssektor eine kritische Debatte um den Einsatz von Neuro-Enhancern in einem besonderen Kontext: Die Frage nach der Therapieform bzw. Therapierbarkeit des ADHS-Syndroms (Aufmerksamkeitsdefizit- / Hyperaktivitätsstörung) verknüpft die Neuro-Enhancement-Debatte mit grundsätzlichen Fragen nach der Gesundheit bzw. Normalität des Menschen. Hier ist zu trennen zwischen einer ersten Frage, welche Verhaltensweisen (in diesem Kontext: Konzentrationsfähigkeit, Ablenkbarkeit, Hyperaktivität etc. eines Kindes) als normal und damit unauffällig bezeichnet werden, im Gegenbefund ab welcher Intensitätsstufe der Verhaltensweise eine Störung, eine Abweichung von der Norm, schlichtweg eine Verhaltensauffälligkeit vorliegt. Die zweite Frage widmet sich dann den Verhaltensauffälligen und sucht nach Umgangsformen mit diesen „Abweichlern", für die sich prinzipiell zwei Optionsräume anbieten: ein klassisch pädagogisches, verhaltenstherapeutisches Instrumentarium im Gegensatz zu einer pharmazeutischen Lösung. Eine pharmazeutisch gewährleistete Absenkung der Reiz- und Ablenkbarkeit auf neuronaler Ebene schaltet alle der Konzentration hinderlichen Faktoren natürlich vergleichsweise bequem ab. Es ist offensichtlich, dass erst durch die Verschränkung beider Fragestellungen ein Problemszenario entsteht: Ist der positive Befund bei der ersten Frage gleichbedeutend mit der Feststellung einer Krankheit – wäre somit jedwede Therapieform im Sinne einer Wiederherstellung der Gesundheit gerechtfertigt? Folgen wir der eingeführten Begrifflichkeit, dann ist der Einsatz von Neuropharmaka im ADHS-Kontext eben kein Neuro-Enhancement, da der entscheidende Aspekt der Verbesserung durch den vordergründigen Aspekt der (Wieder)Herstellung der Gesundheit unterlaufen wird. Dieser Punkt spielt in der ethischen Debatte um das Neuro-Enhancement eine Rolle und verweist auf die sich daraus ergebende Verschränkung mit der zweiten Frage: Ändern sich die Kriterien der Bestimmbarkeit von Verhaltensauffälligkeiten (= Therapie*notwendigkeit* in Frage 1) durch die neuen pharmazeutischen Optionsräume (= *Therapierbarkeit* durch neuropharmazeutische Innovationen als Antwort auf Frage 2)? Dieses Szenario wird insbesondere von den Kritikern der pharmazeutischen Verhaltenstherapie ausgespielt, die stets nach den Nutznießern innerhalb der Pharmaziebetriebe fragen, denen strengere Pathologiekriterien naheliegender Weise in die Hände spielen. Hier wird insbesondere bemängelt, dass durch die Erweiterung der ADHS-Definitionskriterien auf Erwachsene (statt der zuvor etablierten Zuschreibung für Kinder und Jugendliche) eine große Nachfrage an therapeutischen Mitteln zuallererst generiert wird (vgl. SCHMIDT 2016) – „Erst das Präparat, dann die Krankheit".

Festhalten lässt sich dennoch, dass sich die Frage der ethischen Legitimation des Einsatzes vom Neuro-Enhancern nicht durch die Feststellung einer therapeutischen Notwendigkeit im Sinne einer Pathologisierung klären lässt. Geblieben ist jedoch ein sprachliches Artefakt dieser Debatte: Häufig findet man die Formulierung des „*off label use*" als Kennzeichnung des Neuro-Enhancements und diese reduziert das Problem damit vielleicht auf einen Kernpunkt der Debatte: Neue Techniken, in diesem Falle Neuropharmaka, werden nicht im vorgesehenen Sinne eingesetzt. Eine „Ethik des Heilens" wird dadurch gegenstandslos.

2.3 Leistungsgesellschaft

Seine größte gesellschaftliche Relevanz entfaltet das Phänomen des Neuro-Enhancements gegenwärtig mit Blick auf die Anforderungen einer modernen Leistungsgesellschaft. Globalisierung, Digitalisierung und nicht zuletzt eine kommunikationstechnische Vernetzungswelt, in der man sich *off line*-Zeiten leisten können muss, führen zu anspruchsvollen Anforderungsprofilen. Seien es Leistungsanforderungen in der Bildungswelt, in denen kurzfristig sehr hohe kognitive Leistungen in Lern- und Prüfungssituationen „abgerufen" werden müssen, seien es Szenarien in der Arbeitswelt, in der unter Termindruck oder ohne hinreichende Regenerationszeiten kreative oder ästhetische Höchstleistungen erbracht werden müssen – ist es nicht naheliegend, das Angebot entsprechender Hilfsmittel anzunehmen, die versprechen, die vermeintliche Begrenzungen genau an der Stelle aufzuheben, an denen wir sie wahrnehmen: als geistiges Unvermögen, als mangelnde Konzentrationsfähigkeit, als schwache Memorierungsleistung eines *für die Leistungsgesellschaft unzureichenden Körpers*/Hirnes? Auch wenn die wenigen empirischen Studien[2] auf alles andere als ein Massenphänomen hinweisen, lässt sich in vielen Berufsfeldern und -gruppen ein dauerhafter Einsatz von Neuro-Enhancern feststellen. Zu problematisieren ist hierbei allerdings die Aussagekraft der Studien, da die Beschaffung der Wirkstoffe in einer Grauzone stattfindet (Beschaffung der Präparate im Ausland oder beim „Dealer", Internetversandhandel mit unklarer Rechtslage bei Pharmaziepräparaten, Entwendung aus bestehenden Therapieformen, bspw. Antidementiva bei senilen Patienten), somit eine vergleichsweise unsichere Datenlage besteht.

Offensichtlich ist aber, dass die Techniken des Neuro-Enhancements Teil einer lebensweltlichen Praxis geworden sind, mit der Menschen ihre Selbstgestaltungsoptionen unter der Maxime der Teilnahme an der Leistungsgesellschaft bestreiten. Hier zeigt sich die ethische Dimension eines gesellschaftlichen Problems, da die Bildungs- und Arbeitswelt ebenso der menschlichen Gestaltungsmacht entspringt wie die Mittel und Wege, sich auf diese vorzubereiten und in ihr zu bestehen. Historisch spannend an dieser Perspektive ist, dass technische Innovationen nicht die Arbeitswelt verändern (die wiederum eine Anpassung des Menschen erfordern) – sondern das technische Innovationen Anpassungen des Menschen an jedwede Erfordernisse ermöglichen sollen. An vielen Stellen wird dieses Szenario, mutmaßlich inspiriert durch vereinzelte Berichte über den Einsatz von Neuro-Enhancement in der Bildungs- und Arbeitswelt, in einer gesellschaftstheoretischen Perspektive diskutiert, die schlichtweg auf eine basale Frage hinausläuft: In welcher Welt wollen wir leben? In mehreren Forschungs- und Diskursprojekten[3] konnte, insbesondere bei Schülern, Studenten und Berufseinsteigern, eine grundlegende Skepsis gegenüber Praktiken der Leistungsmaximierung festgestellt werden. Eine Anpassung der Arbeitswelt an die menschliche Leistungsfähigkeit, nicht *vice versa*, wurde häufig zu den Kriterien eines „guten Lebens" gezählt. Die vorliegenden und diskutierten Erfahrungsberichte zeigen, meist im Kontext von schulischen und hochschulischen Prüfungssituationen, dass der Einsatz von Enhancern den

---

2 Die gegenwärtig umfassendste empirische Studie stammt von Schröder et al. 2015 und findet sich frei im Netz unter https://www.baua.de/DE/Angebote/Publikationen/Berichte/F2283.html

3 Innerhalb des BMBF-Programms ELSA zu ethischen und sozialen Folgen der modernen Lebenswissenschaften wurde von 2012 bis 2013 das Diskursprojekt „Die Leistungssteigerung des Menschen (,Neuro-Enhancement')" mit Schwerpunkt auf Schule und Studium, 2015 bis 2016 das Diskursprojekt NEIBA (Neuro-Enhancement in der Bildungs- und Arbeitswelt) an den Standorten Darmstadt und Münster durchgeführt, siehe http://brain-doping.h-da.de/ Einige Positionen und Einzelstimmen sind in einer Videodokumentation einsehbar: https://tinyurl.com/ydgjh72t

„Betroffenen" zu einer gefühlt leichteren Bewältigung und besserem Bestehen verholfen habe – häufig jedoch mit einem problematischen Unterton, da die bewältige Situation in biographischer Perspektive eine Fußnote erhält: Kann ich die bewältige Prüfung als *von mir selbst* bewältigt anerkennen? An dieser Stelle zeigt sich somit eine Erweiterung der Debatte hinsichtlich der Analyse (leistungs-)gesellschaftlicher Parameter, die den Bezugsrahmen für das Individuum herstellen. Eine rein *individualethische* Betrachtung, die sich vor allem auf Aspekte der Selbstverwirklichung bezieht, unterläuft systematisch eine sozialethische Perspektive. Praxen der Leistungssteigerung sind somit neben der Angebots- auch von der Nachfrage- bzw. Anforderungsseite her zu betrachten und individuelle Optionen der Selbstgestaltung sind im Kontext ihrer sozialen Verortung zu sehen.

2.4 Autonomie und Selbstwirksamkeit

Die Besonderheit von Neuro-Enhancern liegt naheliegender Weise in der somatischen Dimension ihres technischen Einsatzes: Neuro-Enhancement erfordert eine Verstoffwechselung des Präparates, es muss somatisch werden, um die beabsichtigte Wirkkaskade anzustoßen. So lange das Präparat also „am Steuer" ist, ganz im Sinne der Kybernetik (gr. *cybernetes* = Steuermann) und des Begriffes „kybernetischer Organismus", ist der Körper in einem definierten Funktionszustand. Im Vergleich zur Implantologie, also der dauerhaften Einbringung technischer Geräte im Körper (bspw. Hirnschrittmacher o. ä.[4]), lässt sich eine Reversibilität des Verfahrens mutmaßen. Nach der Verstoffwechselung des Präparates werden die Wirkstoffe wieder aus dem Körper ausgeschieden – dass dennoch „Spuren" in einem weiteren Sinne zurückbleiben können, ist damit jedoch nicht ausgeschlossen. Für die Analyse der Enhancement-Praxis stellt sich also die Frage – zurück zur Problematik des Prüflings, der mit der Anerkennung *seiner* Prüfungsleistung hadert –, ob das Kriterium der Autonomie noch erfüllt ist. Unter Autonomie versteht man gemeinhin das Phänomen der „Selbst-Gesetzgebung", aufgrund dessen wir Menschen als aus „eigenem Antrieb" bewegte und motivierte Personen anerkennen. Sollte die gewünschte Beeinflussung des Hirnstoffwechsels also derart deterministisch wirken, frei gesprochen auch unseren „freien Willen" steuern, dann wäre hiermit ein ethisches Problem formuliert: Wenn nicht ich selbst die Prüfung bestanden habe – wer dann?[5]
Neben diesem Autonomie-Problem *während* des Enhancements gibt es ein zweites ethisches Problemfeld: Bin ich bei meiner Entscheidung für den Einsatz von Neuro-Enhancern frei, also autonom in meiner Wahl, oder bin ich einem gesellschaftlichen oder persönlichen Druck

---

4   Das Thema des implantologischen Neuro-Enhancements wird hier ausgespart. Siehe dazu bspw. Hildt & Engels 2009.

5   Ausbuchstabiert unter den Polen einer möglichen „Selbstmanipulation" vs. „Manipulation des Selbst" findet sich dieser Aspekt in Vieth 2010.

unterworfen, der den Einsatz von Enhancern alternativlos macht? Dass der Einsatz von Neuro-Enhancern in beiden Fällen mit Autonomie unvereinbar ist, gehört zu den am häufigsten vorgebrachten Argumente der Kritiker der Neuro-Enhancement-Praxis.

In nächster Nähe zum Autonomie-Begriff, der aus der philosophischen/ethischen Debatte unter Bezugnahme auf klassische Problemstellungen des Personen-Begriffs entspringt, hat sich der eher psychologisch verortete Terminus der Selbstwirksamkeit etabliert. Hierbei wird der Frage nachgegangen, inwieweit sich Menschen nach einer Handlung, also einer selbst geleisteten Verhaltensweise, als verursachende Akteure dieser Handlung begreifen – also der Frage, ob ihr Selbst wirksam war. Diese Paradoxie mag zunächst an einen Filmriss erinnern, in dem man sich im Nachhinein zwar gewisser Handlungen bewusst ist bzw. anerkennt, gewisse Dinge offensichtlich getan oder auch unterlassen zu haben – sich jedoch diese Taten nicht vollends selbst zuschreibt, da man in diesem Szenario offensichtlich einen Kontrollverlust erlitten hat, oder aber die Erinnerung an eine Handlungsentscheidung nicht mehr ins Gedächtnis rufen kann. „Das war nicht ich", ist dann eine gängige Selbsterkenntnis. Angewandt auf Anwendungsszenarien des Neuro-Enhancements kann das Problem der Selbstwirksamkeit bedeuten, dass biographische Eckdaten, beispielsweise „Schlüsselstellen" im Bildungs- und Qualifikationsbereich, zwar im Lebenslauf erscheinen – in der Rückschau jedoch nicht der eigenen Selbstwirksamkeit zugeschrieben werden: „Die Bachelor-Arbeit – das war nicht *ich*!"

2.5 Transhumanismus

Der transhumanistische Gedanke ist sicher der vielversprechendste, möchte man die Idee der Upgrade-Kultur aus dem technischen Bereich in die Anthropologie überführen. Während humanistische Positionen mehr oder minder mit dem *gegebenen* Menschen auskommen, und Ideale einer Entwicklung und Verbesserung menschlicher Anlagen als *conditio humana* entwickelt, zielt die transhumanistische Position auf eine Überwindung „natürlicher Fesseln" ab. Ihr ist daran gelegen, die *menschliche* Natur zu überwinden, deren Möglichkeitsraum als unbefriedigend empfunden wird. Der Phänomenologe VILÉM FLUSSER (1998) bringt diesen Ansatz recht plastisch auf den Punkt, wenn er zunächst die Genese des menschlichen Körpers, ergo seine Naturgeschichte, diskreditiert: „Der ‚gegebene' Körper ist Resultat eines blinden, Jahrmillionen währenden Würfelspiels, und näher besehen ist dieses Resultat nicht überzeugend ausgefallen. Vielleicht gibt es bessere Methoden für Körperentwürfe als den blinden Zufall?" (ebd. S. 89) Er möchte Perspektiven eines besseren Körpers aufzeigen, die sich aus der Unzufriedenheit des Menschen mit seinem Organismus ergeben: „Die Unzufriedenheit mit der funktionellen Armut unseres Organismus reicht jedoch gegenwärtig viel weiter. Um dafür ein einziges Beispiel zu geben: Wir können uns mit der Reichweite der Körpersinne nicht mehr zufrieden geben. Unsere künstlichen, im Vergleich zum Körper strukturell einfachen Sinnesorgane (Instrumente) zeigen, dass wir nur armselig enge Ausschnitte aus der Umgebung wahrnehmen können. […] aus dem Raummaßstab etwa können wir nur den Abschnitt zwischen Millimetern und Kilometern wahrnehmen, obwohl unser Überleben vom Manipulieren von Mikrometern Lichtjahren abhängt. Der menschliche Organismus in seiner funktionellen Armut ist nicht mehr adäquat für unser Überleben. Wir sind gezwungen, alternative Körper zu entwerfen."(ebd. S. 91)

Das Argument legt also zwei Ebenen frei: Zum einen das ontologische Problem der Genese, dass sich der Mensch – im Nachgang der Darwinischen Kränkung – als naturgeschichtliches Wesen nicht mehr (einer teleologischen Metapyhsik verpflichtet) als Krone der Schöpfung ansehen kann. Vielmehr gilt es, sich mit der (von Flusser kritisierten und offensichtlich abgelehnten) Zufallsbasiertheit und Kontingenz unseres Wesens auseinander zu setzen; wir sind (in den Worten Monods) „Zigeuner am Rande des Universums". Zum anderen wird ein Vergleich angestellt, der konkrete Anforderungen (hier: Umweltwahrnehmung) mit der organischen Anpassung abgleicht (hier aufgezeigt an der „kognitiven Passung", die aufgrund der stammesgeschichtlichen Entwicklung unserer Sinnesorgane nur Ausschnitte aus Reizspektren wahrnehmen kann [6]) – der Befund ist negativ und bestimmt diese bemängelte Organausstattung als potentielles Arbeitsfeld einer transhumanistischen Verbesserung des Menschen. Die Idee einer Upgrade-Kultur wäre also bei technischen Optimierungen des Menschen denkbar, die in der Dimension der Bestimmtheit gewisser Merkmale dadurch das Ergebnis des Vergleiches verbessern würden: Für die konkrete Anforderung, mit einem Auge auch Objekte in einer um x kleineren Dimension wahrnehmen zu können, wäre also eine diese Leistung bringende Verbesserung eines Sehapparates durchaus als ein Upgrade zu bezeichnen. Die Rahmenhandlung besteht somit in einer *funktionalistischen* Perspektive, die jedoch nicht ohne ein utilitaristisches Motiv auszukommen scheint: Wenn für *alle Menschen* eine erweiterte Sinnesleistung als wünschenswert angenommen wird, dann kommen Gerechtigkeitsaspekte ins Spiel, die eine gleichwertige Teilhabe Aller an derartigen technisch-medizinischen Innovationen einfordern würden. Im Flusser'schen Sinne hätten wir dann den anthropologischen Übergang in unserer Menschwerdung vom Subjekt zum Projekt vollzogen, da wir den Körper entwerfen, ergo projizieren, uns über Selbstentwürfe streiten – statt eine gegebene menschliche Natur nur anzunehmen. Das Menschenbild des Transhumanisten, den Körper durch sukzessive Substitute technischer Natur optimierend, baut also auf die Idee der Upgrade-Kultur auf – für den

---

6 Vgl. die Mesokosmos-Theorie, beispielsweise bei Vollmer 1983; für die Verknüpfung epistemischer und biologischer Fragestellungen siehe Lorenz 1941.

Humanisten oder „Biokonservativen", der einen (wie auch immer begründeten) Eigenwert der „menschlichen Natur" annimmt, ist die Upgrade-Kultur aber kein Optionsraum. Die damit einhergehende Festschreibung von Leistungen und Funktionen würde systematisch die Freiheitsgrade menschlicher Selbstfindung unterlaufen, somit zu einer „negativen Anthropologie" führen, die den Menschen festsetzt. Dann wäre „Mensch sein" eine Erfüllung von Kriterien, eine rein physiologische Anthropologie – nicht jedoch, um im Kantischen Ansatz zu bleiben, eine *pragmatische* Anthropologie, die „auf das, was er, als freihandelndes Wesen, aus sich selber macht, oder machen kann und soll"[7], abzielt. Diogenes würde wohl wieder ein Huhn rupfen und es über die Mauern der Akademie werfen.[8]

Die Position der Philosophischen Anthropologie hingegen sieht den Menschen aus biotheoretischen/organischen Gründen – so die Strategie der *Stufen des Organischen und der Mensch* von Helmuth Plessner (1928) – als ein von naturalen Zwängen in gewissem Maße freigesetztes Wesen: Dieses Phänomen zeigt sich in der gleichzeitigen Verwobenheit mit allem Lebendigen, was unsere *Positionalität* als Organismen ausmacht (wir stehen in einem [sinngemäß: individuellen] Zentrum positioniert der Welt gegenüber), zum anderen mit der Befähigung, diese Positionalität wiederum zu reflektieren, sie aufgrund unserer *Exzentrizität* zu erfahren. Diese als „exzentrische Positionalität" bekannte Figur stellt also eine *Disposition* zur Exzentrizität vor, die jedoch zuallererst eingenommen, realisiert werden muss. Hier bleibt das Motiv der „Verbindlichkeitserklärung der Unergründlichkeit" tragend, dass das Kriterium der Offenheit in die Bestimmung des Menschen einführt. Die Art und Weise, *wie* der (individuelle) Mensch seine Exzentrizität realisiert („Der Mensch muss sich zu dem, was er schon ist, erst machen." PLESSNER 1975, S. 309), bleibt unergründlich. Und diese Unergründlichkeit ist im Sinne Plessners eine Verbindlichkeit des menschlichen Wesens, ein Spezifikum der menschlichen Organisationsform des Lebendigen – die wohl dann genau in dem Moment aufgelöst werden würde, wenn die Unergründlichkeit durch eine Bestimmbarkeit ersetzt, somit die Offenheit geschlossen werden würde: Eine rein technische, und sei es pharmatechnische, Organisationsform führt zu einer „Ergründlichkeit" der Lebensform, da die Erscheinung ebendieser der Umsetzung eines Kausalmechanismus gleich kommt, der sich durch Bestimmbarkeit auszeichnet. Dieser Betrachtungsrahmen ermöglicht zwar, zurück zu Flusser, die Erweiterung der Gestaltungsräume, in denen verbesserte Kausalmechanismen im Sinne der Upgrade-Kultur zu „besseren" Lebensformen führen – unterläuft jedoch systematisch das Kriterium der Offenheit.

---

7 Zitiert aus Kant, Anthropologie, Vorrede, S. 399.

8 Diogenes konterte den definitorischen Ansatz Platos, der Mensch sei das einzige nackte Wesen mit aufrechtem Gang, durch den Wurf eines gerupften Huhns über die Mauern der Akademie mit dem Hinweis, dies sei ein Mensch.

3. Schlussbetrachtung

„Technisierte Welt, der Mensch und die Technik – Wer beherrscht wen?" fragt dieses Sonderheft. In unserer alltäglichen Lebenswelt scheint der Befund einer Technisierung zunächst nicht wirklich dramatisch: Wir können natürlich problematisieren, dass viele Alltagsprozesse von technischen Gerätschaften gesteuert werden, die in historischer Perspektive auch unsere Arbeitswelt nachhaltig verändert haben und verändern werden – es bleibt aber eine Beschreibung der Außenwelt, die uns damit einhergehend zu einem Umgang, einer Anpassung, oder aber auch zu einer Widerständigkeit gegenüber dem Technischen führen. Der Anthropologe Helmuth Plessner (1892–1985) bezeichnete den Menschen als ein „grenzrealisierendes Ding" und verwies somit auf die Schlüsselstelle: Sobald der Mensch selbst Gegenstand technischer Interventionen wird, nicht mehr auf der „sicheren Seite" gegenüber der Grenze von der Außenwelt steht, wäre der Topos der Selbstbeherrschung auch auf den Menschen selbst anzuwenden – und die Frage nach der Bestimmungsrichtung (Steuern wir die Technik? Steuert die Technik uns?) erschiene vergleichsweise unspektakulär.

Die technikoptimistische Perspektive auf die Praxis des Neuro-Enhancements fokussiert auf die neu gewonnene Gestaltungsdimension des Menschen, damit einhergehend auch den gesteigerten Optionsraum menschlicher Selbstentwürfe. Viele vermeintlich „natürliche" Grenzen sind nunmehr einer Verfügbarkeit unterworfen, die uns zu neuen Wegen der Lebensplanung und Selbstgestaltung führen. Es verwundert daher nicht, dass insbesondere die transhumanistische Position mit den Möglichkeiten des Neuro-Enhancements liebäugelt: Mit „Mensch, der Mensch bleibt, aber sich selbst, durch Verwirklichung neuer Möglichkeiten von seiner und für seine menschliche Natur, überwindet" umschreibt Julian Huxley 1957 in *New Bottles for the New Wine* das transhumanistische Programm. Auffallend ist, dass die Gestaltungsmöglichkeiten des Menschen aus „zwei Welten" herangezogen werden: zum einen aus der „bleibenden Welt" seiner Natur, ein Verweis auf das anthropologische Dauerproblem der Frage nach der „Natur des Menschen" (BAYERTZ 2009); zum anderen wird auf „neue Möglichkeiten" im Sinne technischer Innovationen rekurriert. Dass diese immer mehr dem Menschen „auf den Leibe rücken" ist ein technikhistorischer Allgemeinplatz. Ein anwachsendes *Verfügungswissen* (Möglichkeiten des Eingriffs und der Steuerung von Organismen durch bio- und gentechnische Verfahren bis hin zu Möglichkeiten der sog. Synthetischen Biologie) zeichnet unsere Lebenswelt aus – welches *Orientierungswissen* uns Kriterien zur Bewertung, der Zulassung oder aber auch der Unterlassung dieser technischen Möglichkeiten bietet, ist eine weiterhin offene und dringliche Frage. Die Trennung in ein Verfügungs- und Orientierungswissen (im Sinne von MITTELSTRASS 2003) legt auf der einen Seite die Dimensionen der Machbarkeit frei: Der Möglichkeitsraum menschlicher Selbstgestaltung erweitert sich stets. Nicht zuletzt durch technische Innovationen und ein zunehmend detaillierteres Verständnis von Teilprozessen des Lebendigen haben sich die Eingriffsoptionen deutlich erweitert. In diesem Kontext scheint sich auch, wie im Kapitel 2 Therapie erläutert, die Gestaltungsmacht von einer rein korrigierenden, im Sinne von „Fehlern" und Pathologien beseitigenden Sichtweise auf den Körper, hin zu einer generierenden, optimierenden und bisweilen synthetisierenden Schöpfungsmacht entwickelt zu haben. Das der Dimension der Machbarkeit (Verfügungswissen) entgegengensetzte Orientierungswissen versucht nun, Bewertungsmaßstäbe und Menschenbilder im Sinne ethischer Maximen zu entwickeln, die die Umsetzung, oder aber auch die Unterlassung der Handlungsoptionen begründet.

Der neu gewonnene Optionsraum durch pharmazeutische Präparate, die offensichtlich präzise in unseren Hirnstoffwechsel eingreifen und dadurch veränderte Wirkweisen hervorrufen können, verzahnt auf besondere Art und Weise anthropologische Probleme. Auf der einen Seite, in Perspektive des Individuums, sind Veränderungen am und im Menschen kritisch zu betrachten, die sich durch derartige Präparate einstellen. Hier ist erkennbar, dass mit klassischen ethischen Positionen der Anschluss an bekannte Debatten gesucht wird (in diesem Artikel wurde beispielsweise das Autonomie-Problem aufgeführt), um auf etabliertem Terrain eine ethische Bewertung leisten zu können. Auf der anderen Seite, in gesellschaftlicher Perspektive, zeigen sich die sozialethischen Probleme des *animal sociale*, das auf einen Sozialverband angewiesen ist, in diesem aber zuallererst bestehen muss: Es sind die sich stetig wandelnden Kriterienkataloge unserer Lebenswelt, die die Bezugsbasis für individuelle Lebensentwürfe darstellen.

Für das eingeforderte Orientierungswissen bleibt die ernüchternde Erkenntnis, dass dies kein lexikalisches Wissen ist bzw. sein kann: Weder eine „Natur des Mensch" lässt sich nachschlagen, deren normativer Impetus uns im Sinne eines Biokonservativismus eine Richtschnur des Handelns für technische Eingriffe im und am Menschen gibt, noch lässt sich aus einer einfachen Wirkstoffanalyse pharmazeutischer Präparate direkt ablesen, ob wir die Effekte als erwünscht annehmen und zulassen, oder ethisch verwerflich finden sollten. Diese führt uns jedoch auf den Betrachtungsrahmen zurück, die die Leitfrage, ob sich der Mensch mittlerweile in einer Upgrade-Kultur befindet oder nicht, trägt: Die Ausgangsfrage der Anthropologie „Was ist der Mensch?" zielt (für die Philosophische Anthropologie gesprochen) stets auf eine *zeitgemäße* Ausformulierung bzw. Erneuerung der Fragestellung ab – und nicht auf endgültige Beantwortung, eine Festsetzung oder definitorische Explikation des menschlichen Wesens. Seit Beginn der postdarwinistischen Zeit sind Abgrenzungsbemühungen zum Tier ein Teil des Anthropologiediskurses, in jüngerer Zeit gilt es ferner, auch in Abgrenzung zu Androiden und Robotern das menschliche Selbstverständnis zu bestimmen. Dass dieses nur durch *Selbst*bestimmung zu erlangen ist, liegt auf der Hand, sofern man nicht Zuflucht in metaphysischen Heilsmystiken sucht; ganz im Sinne GÜNTHER ALTNERS (1981), der die Dramatik der Anthropologie in dem Aphorismus „Der neuzeitliche Mensch ist aus allen ihn übergreifenden Sinnbezügen herausgefallen und auf sich selbst und sein Werden zurückgeworfen"(ebd. S.3) zusammenfasste. Dieses *zurückgeworfene Sein* besteht auch in der Notwendigkeit der Selbstbestimmung in einer technisierten Lebenswelt, in der sich einerseits der Mensch in Abgrenzung, in Abhängigkeit oder Selbstauflösung zur Technik verhalten muss, anderseits etwaige Grenzen der Technisierung (sowohl die Lebenswelt als auch den Menschen betreffend) in der Eigenverantwortlichkeit des Menschen liegen. Dürrenmatt hat in seinem Werk „Die Physiker" deutlich gemacht, dass Technisierung keine Expertokratie sein darf, sondern vielmehr gelte: „Was alle angeht, können nur alle lösen."

MEPHISTOPHELES *ad spectatores*:
„Am Ende hängen wir doch ab
Von Kreaturen, die wir machten."[9]

---

9   Aus Goethes Faust, 2. Teil, 2. Akt, letzter Satz der Laboratoriums-Szene vor der „Klassischen Walpurgis-nacht"; S. 214 in Goethe und Trunz 2002.

Literaturverzeichnis

ALTNER, G. (1981): Der Darwinismus. Die Geschichte einer Theorie. Darmstadt: Wissenschaftliche Buchgesellschaft.

BAYERTZ, K. (2009): Hat der Mensch eine „Natur"? Und ist sie wertvoll? In: Martin G. Weiß (Hg.): Bios und Zoë. Die menschliche Natur im Zeitalter ihrer technischen Reproduzierbarkeit. Orig.-Ausg. Frankfurt, M.: Suhrkamp (Suhrkamp-Taschenbuch Wissenschaft, 1899), S. 191–218.

DOUGLAS, Th. (2008): Moral Enhancement. In: *Journal of applied philosophy* 25 (3), S. 228–245. DOI: 10.1111/j.1468-5930.2008.00412.x.

DUBLJEVIC, V. (2014): Autonomy and justice in neuroethics of cognitive enhancement. Unter Mitarbeit von Universität Stuttgart. Universität Stuttgart.

FLUSSER, V. (1998): Vom Subjekt zum Projekt. Menschwerdung. Frankfurt/Main: Fischer.

GALERT, T.; BUBLITZ, Ch.; HEUSER, I.; MERKEL, R.; REPANTIS, D.; SCHÖNE-SEIFERT, B.; TALBOT, D. (2009): Das optimierte Gehirn. In: *Gehirn & Geist* (11), S. 1–6.

GEHLEN, A. (2004): Die Seele im technischen Zeitalter und andere sozialpsychologische, soziologische und kulturanalytische Schriften. Frankfurt/Main: Vittorio Klostermann (Gesamtausgabe).

GOETHE, J. W. von; TRUNZ, E. (Hg.) (2002): Faust. Der Tragödie erster und zweiter Teil. Urfaust. Sonderausg., 437. – 466. Tsd. München: Beck.

HILDT, E.; ENGELS, E.-M. (Hg.) (2009): Der implantierte Mensch. Therapie und Enhancement im Gehirn. Orig.-Ausg. Freiburg, Br., München: Alber (Lebenswissenschaften im Dialog, Bd. 5).

LORENZ, K. (1941): Kants Lehre von Apriorischen im Lichte gegenwärtiger Biologie. In: *Blätter für Deutsche Philosophie* 15, S. 94–125.

MITTELSTRASS, J. (2003): Das Maß des Fortschritts. Mensch und Wissenschaft in der „Leonardo-Welt". Köln: Karl Rahner-Akademie.

PLESSNER, H. (1975): Die Stufen des Organischen und der Mensch. Einleitung in die philosophische Anthropologie. Berlin, New York: Walter de Gruyter.

SCHÄFER, M.; REIFEGERSTE, D.; QUIRING, O. (2016): Die mediale Diskussion zu medizinischen und ethischen Aspekten des pharmakologischen Neuroenhancements. In: Anne-Linda Camerini, Ramona Ludolph und Fabia Rothenfluh (Hg.): Gesundheitskommunikation im Spannungsfeld zwischen Theorie und Praxis. Baden-Baden: Nomos (Medien + Gesundheit), S. 42–52.

SCHMIDT, H. R. (2016): Ich lerne wie ein Zombie. Plädoyer für das Abschaffen von ADHS. 1. Aufl. 2017. Wiesbaden: Springer Fachmedien Wiesbaden GmbH.

SCHRÖDER, H.; KÖHLER, T.; KNERR, P.; KÜHNE, S.; MOESGEN, D.; KLEIN, M. (Hg.) (2015): Einfluss psychischer Belastungen am Arbeitsplatz auf das Neuroenhancement – empirische Untersuchungen an Erwerbstätigen. Forschung Projekt F 2283. Dortmund, Berlin, Dresden: Bundesanst. für Arbeitsschutz und Arbeitsmedizin.

VIETH, A. (2010): Neuroenhancement. Zwischen Selbstmanipulation und Manipulation des Selbst. In: Schreiber J, Förster J, Westermann S und Lohmeier J (Hg.): Auf der Suche nach Antworten. 20 Jahre Forum Medizin & Ethik. Berlin: Lit, S. 15–34.

VOLLMER, G. (1983): Mesokosmos und objektive Erkenntnis. In: Konrad Lorenz und Franz M Wuketits (Hg.): Die Evolution des Denkens. München, Zürich: Piper, S. 29–91.

II. Dialog

Technisierung von Lebenswelten im Kulturvergleich

Ein Interview mit dem Ethnologen **CHRISTOPH ANTWEILER**

CHRISTOPH ANTWEILER (*1956) studierte Geologie-Paläontologie in Köln und promovierte 1987 mit einer Dissertation über Kulturrevolution im Fach Ethnologie. Von 1988 bis 1991 war er wissenschaftliche Hilfskraft und später wissenschaftlicher Mitarbeiter am Institut für Völkerkunde in Köln. Von 1991 bis 1992 betrieb er Feldforschung in Makassar auf der indonesischen Insel Sulawesi. 1993 wurde er Geschäftsführer der Arbeitsgemeinschaft Entwicklungsethnologie e. V., 1996 Professor für Ethnologie an der Universität Trier. Seit 2008 ist er Leiter der Abteilung für Südostasienwissenschaft am Institut für Orient- und Asienwissenschaften der Rheinischen Friedrich-Wilhelms-Universität in Bonn. Insbesondere durch seine Werke zu den Universalien des Menschen (Was ist den Menschen gemeinsam? WBG 2009) und dem Kosmopolitismus (Mensch und Weltkultur. Für einen realistischen Kosmopolitismus im Zeitalter der Globalisierung, transcript 2010) ist er zu einem vielbeachteten Vertreter der Ethnologie im deutschsprachigen Raum geworden.

NADINE MOOREN und MATTHIAS HERRGEN trafen CHRISTOPH ANTWEILER (im Bild rechts) am 02.03.2017 *im Rautenstrauch-Joest-Museum – Kulturen der Welt* in Köln zum Gespräch.

Die Ethnologie beschäftigt sich ja vor allem mit der Vielfalt von Kulturen. Was motiviert Sie als Ethnologe zur Beschäftigung mit den Gemeinsamkeiten von Kulturen?

Die Ethnologie (früher Völkerkunde) ist tatsächlich primär mit der Beschreibung und dem Verstehen einzelner Gesellschaften beschäftigt und dann in einem nächsten Schritt mit der Vielfalt von menschlichen Kulturen, von denen es nach ethnologischer Sicht weltweit etwa ein paar tausend gibt. Ein berühmter Ethnologe hat einmal gesagt, wir sollten die Priester der Vielfalt sein. Ich glaube auch, dass die Methodik der Vielfalt sehr wichtig ist; wir sollten uns aber nicht priestermäßig ausschließlich mit der Vielfalt befassen. Es gibt faktisch Gemeinsamkeiten zwischen den Kulturen. Die Gastfreundschaft ist hierfür ein Beispiel: Wenn Menschen in einer Kultur als Gast klassifiziert werden, dann werden sie besonders behandelt, auch wenn die Kriterien dafür, wer als Gast gilt, durchaus sehr verschieden sind. Ich halte diese Beobachtungen für einen wichtigen Beitrag für eine breit angelegte Anthropologie.

Eine Ihrer Thesen ist, dass Technikgebrauch nicht nur eine Dimension ganz verschiedener Kulturen ist, sondern eine Grunddimension. Was hat man sich darunter vorzustellen?

Das hängt damit zusammen, dass die Ethnologie einen holistischen Kulturbegriff hat. Kultur ist nicht nur das Geistige oder nur Handlungsformen, sondern ist das, was Menschen insgesamt aus dem Vorgefundenen machen, also eigentlich Artefakte in einem sehr umfassenden Sinne: künstlich die vorgefundene Welt verändern. Das beinhaltet materielle Dinge und Gegenstände, aber natürlich auch Handlungsformen und Denkformen. Auch wenn manche Menschengruppen ihre Umwelt nicht so stark verändern, so gehört die Veränderung der Umwelt bei allen Kulturen grundsätzlich dazu. Das hängt auch an unserer Biologie. Jung geborene Babys können nicht überleben ohne die Hilfe anderer Individuen und sehr häufig spielen da irgendwelche technischen Gegenstände eine Rolle. All das ist mit in den Technikbegriff einzubeziehen. Es geht also nicht nur um Maschinen oder Häuser, sondern auch darum, dass in Werkzeugen Wissensbestände gespeichert sind – z. B. wissen Sie, was Sie mit dem Mikrophon vor Ihnen alles machen können.

In der Philosophischen Anthropologie hat der Technikbegriff meistens etwas mit einer Organerweiterung zu tun. Dabei geht es um die Idee, dass z. B. der Faustkeil eine Technik zur Erweiterung der Hand ist. Trägt der Technikbegriff der Ethnologie „weniger Körper in sich" als in der Philosophischen Anthropologie?

Ja, ich glaube er trägt weniger Körper in sich und er ist grundsätzlich auf Kollektive und Kulturen orientiert, weil Ethnologen nicht primär an Individuen interessiert sind. Ethnologen würden argumentieren, dass die Technik (wir nennen das meistens „materielle Kultur") ein Grundbestandteil des Überlebens von Menschen ist, also nicht nur eine Körpererweiterung, die man ja auch so denken könnte, als wäre ein körperliches Leben für Menschen ohne diese Erweiterung grundsätzlich möglich. Aus ethnologischer Sicht würde man dies verneinen. Die Veränderungen der Umwelt, vor allem die Herstellung von materiellen Gütern, die dann oft zu Werkzeugen werden, werden so verstanden, dass sie ein zentraler Bestandteil von Kultur sind; nicht nur um irgendetwas herzustellen, sondern sie haben hohe Bedeutung auch für Rituale. Religiöse Vorstellungen haben ganz stark mit dem Umgang mit rituellen Gegenständen zu tun, z. B. mit einer rituell bedeutsamen Kleidung oder der Darstellung einer Gottheit, die ja nicht Werkzeuge sind, sondern das sind eher Gegenstände, an denen bestimmte Rituale und Handlungsformen orientiert sind. Sie funktionieren ähnlich wie „Drehbücher" und führen die Beteiligten dabei, wie so ein Ritual abzulaufen hat. Ethnologen interessieren sich heute sehr stark für die sozialen, nicht nur für die materialen Aspekte von Technik. Sie fragen, was bedeutet Technik, was bedeuten Maschinen und welche Ideen werden dadurch weitergetragen.

Welche Triebkraft erfährt der Gebrauch von Technik durch die Urbanisierung?

Was Städte ausmacht ist schwer zu definieren, aber durchgehende Merkmale von Städten sind, dass in ihnen viele Menschen zusammenleben, dass in Städten dauernd Menschen zusammenleben, die einander immer fremd bleiben. Ich begegne jeden Morgen in der Straßenbahn dem übermüdeten Professor, der seine Tasche nie richtig geschlossen hat, aber ich spreche ihn nie an, sondern wir signalisieren höchstens, dass wir uns kennen. Das ist eine spezifische Anonymität von Städten. Noch wichtiger ist, dass wir in Städten in einer gebauten Umwelt leben. Menschen leben nicht nur dicht zusammen, sondern sie tun dies in einer gebauten Umwelt, die auch den öffentlichen Raum schafft, in dem man dauernd Fremden begegnet, die dauernd fremd bleiben. Das gibt es in ländlichen Gebieten gar nicht, jedenfalls nicht dauernd, höchstens auf Marktplätzen, aber die gibt es nicht dauerhaft. Insofern ist es ein Kernmerkmal von Urbanität, dass die spezifische Art des urbanen oder städtischen Lebens ganz stark mit der materiellen Umwelt zusammenhängt.

Wir leben ja gerade in Zeiten einer digitalen Revolution, wo viele Medien sich durch ein sehr hohes Maß an Standardisierung auszeichnen, z. B. sind die Plattformen auf den Smartphones weltübergreifend gleich. Damit haben wir einen Standardisierungsprozess, der keine Freiheit

in der Wahl dieser Anwendung lässt. Kann man aufgrund dieser Standardisierung einer Medientechnik von einer normierenden Funktion dieser Technik auf alle Kulturen schließen?

Bei dieser Frage muss man, glaube ich, ganz stark differenzieren. Einerseits gibt es tatsächlich eine Normierung, die sich nicht nur im direkt sichtbaren technischen Bereich zeigt, dadurch, dass die Geräte und die Funktionen ähnlicher werden, sondern auch in den angebotenen Formen der Kommunikation. Beispielsweise präformiert Twitter mit seiner Begrenzung auf bestimmte Zeichen ein bestimmtes Kommunikationsverhalten. Es lassen sich da keine langen Erörterungen machen oder man müsste immer wieder etwas twittern. Das hat also eine gewisse Vereinheitlichung zur Folge. Andererseits, wenn man mal das Beispiel Handy nimmt, gibt es ethnologische Untersuchungen über die konkreten Verwendungen von Handys. Dabei stellt man dann fest, dass die Menschen in manchen Gebieten der Welt, die mit Internet schlecht versorgt sind, durch mangelhafte Infrastruktur oder durch Regierungskontrolle, wie z. B. in großen Teilen Zentral-, und teilweise West- und Ostafrikas, ja, dass die Menschen die Handys dort nutzen, um einzukaufen und dauernd wirtschaftliche Transaktionen zu machen. Das ist dort die Hauptverwendung von Handys. In anderen Teilen der Welt werden sie dagegen längst nicht so viel dafür benutzt. Das zeigt uns, dass es da eine gewisse Offenheit gibt. Und das ist ein Beispiel für ein allgemeines Phänomen, das Ethnologen stark betonen, wenn Globalisierung untersucht wird. In einer Hinsicht gibt es Vereinheitlichungs-, Glättungs- und Angleichungs-vorgänge. Auf der anderen Seite gibt es vor allem durch die Nutzungsweise von Individuen und Kulturen ganz unterschiedliche Formen. Ein Beispiel: Als ich 1992 in Indonesien war, hatte dort die erste McDonald's-Filiale geöffnet.

Die Filiale in Jakarta hatte direkt den größten Umsatz aller Filialen in der ganzen Welt. Wenn man dort hingeht und sich die Leute ansieht, sieht man aber, dass die gar keine Hamburger essen, sondern Hühnchen und Fisch und viele gucken nur anderen Menschen, die Hamburger essen zu oder stehen dabei, weil die Hamburger viel zu teuer sind. Damit wird ein bestimmtes Konsumphänomen erzeugt. Und dann stellt man fest, dass aufgrund einer Veränderung der politischen Weltlage Amerika von vielen in Indonesien nicht so geliebt wird und weil bekannt ist, dass McDonald's ein amerikanisches Restaurant ist, gibt es antiamerikanische Gefühle und die indonesische McDonald's-Führung stellt dort als Bewacher junge sehr kräftig gewachsene Männer auf und befiehlt ihnen nur arabisch zu reden, was die meisten Leute in Indonesien selbst nicht können. Dieses amerikanische Unternehmen wird arabo-islamisch eingeframed, um die Wahrnehmung zu ändern. Das heißt, auch wenn McDonald's ein weltweites Unternehmen ist, kann es sich ganz stark unterscheiden, wie der Konsum konkret aussieht oder wie etwas wahrgenommen wird.

Technikskepsis ist ein Merkmal unserer Kultur, zum Beispiel Unbehagen gegenüber mangelnder Sicherheit, Sicherheit der Daten, Selbstbestimmung und Autonomie im Kontakt mit komplexen Maschinen, bspw. selbstfahrenden Autos. Gibt es so etwas wie Technikskepsis in allen Kulturen?

Ich glaube, dazu weiß man noch zu wenig. Technikskepsis ist geringer verbreitet in armen Ländern und bei armen Menschen. Das Phänomen der Technikskepsis in mittleren und höheren Schichten der westlichen Länder findet man überall, auch in Hong Kong und Japan, Korea, genauso aber auch „Gegenbewegungen" wie alternative Medizin und Esoterik – das sind keineswegs „westliche" Erscheinungen. Neue Formen der chinesischen Medizin findet man sogar in Hong Kong, da habe ich neulich vor Ort Apotheken gesehen, die über den Umweg westlicher Strömungen wieder zurück kommen – die eigentlich genau die Form der Medizin ist, die ohnehin dort schon immer betrieben wurde. Was bei der Technikskepsis stark zu Buche schlägt ist eine anthropomorphe Wahrnehmung. Man ist skeptisch gegenüber Dingen, die sich wie Menschen verhalten und sogar immer menschen-ähnlicher aussehen, aber dennoch etwas anderes sind. Die nächste Schwelle wäre dann, wenn wir etwas Technisches in uns selber haben. Abneigungen kommen dann auf, wenn wir uns technisch stark verändern, beispielsweise bei Schönheitsoperationen. Das ist insofern merkwürdig, weil Menschen schon immer ihre Körper gestaltet haben. Tätowierungen, Lippenpflöcke, Nasenveränderungen sind fast universale Phänomene. Wir ändern ja auch ständig unsere Körper kulturell, beispielsweise durch die Ernährungsweise. Nahrungsverbote und -tabus haben immer auch körperliche Konsequenzen. In Deutschland hat die Skepsis oder sogar Feindlichkeit gegenüber neuen Techniken sicher auch etwas mit der Angst vor Naturwissenschaft und Mathematik zu tun. Es geht um formale Prozesse, man muss Zahlen oder Daten eingeben, Formate beachten – das lehnen viele Menschen als unmenschlich ab.

Gibt es „Intimbereiche", in denen Technik nicht eingesetzt wird? Zum Beispiel die Bereiche menschlicher Beziehungen, wo es um Liebe, Respekt und Zuwendung geht? Sozusagen eine Tabu-Zone für Technik?

Tabuzonen kann man höchstens als private Entscheidungen einführen. In Gesellschaften wäre das nur durch normative Setzungen zu erreichen. Technik kann Folgen haben, die gefährlich sind, oder aber lediglich Folgen, die nicht intendiert sind. Ich denke nicht – ich stereotypisiere jetzt – dass es bei Jugendlichen intendiert ist, dass während sie mit ihren Handys im Kreis stehen und sich unterhalten, die Handys diese Unterhaltung ständig unterbrechen. Das ist von den Jugendlichen nicht gewollt, das ist von den Handyherstellern nicht intendiert, es ist aber eine naheliegende Folge dieser Kommunikationsmaschine. Dem kann man nur mit Vernunft begegnen.

Es scheint, dass hierzulande technische Innovationen von der jungen Generation exploriert werden, um dann an die älteren Generationen weitervermittelt zu werden. Ist diese Form der „early adopter", also die Erschließung neuer Technologien durch jüngere Generationen, in allen Kulturen anzutreffen?

Es gibt ethnologische Untersuchungen, in denen bspw. schon Margaret Mead darauf hingewiesen hat, dass zunehmend die Älteren von den Jüngeren lernen – und weniger, wie beispielsweise von der Sozialisationsforschung thematisiert, umgekehrt. Gerade die Risikofreudigkeit und die Ausblendung von möglichen Folgen des Technikeinsatzes führt bei Jugendlichen dazu, Innovationen einfach auszuprobieren. Innovation meint hierbei zum einen die Innovation an sich, ferner die soziale Akzeptanz, das liegt häufig sehr weit auseinander. Viele Patente führen leider zu nichts, das muss dann aber nicht an der Innovation liegen, sondern nur daran, dass es sozial nicht angenommen wurde. Es gibt aber auch Schichtenaspekte, die relevant sind. Neue Technik wird meist nicht von den Ärmsten, sondern der Mittelschicht angenommen. Nehmen Sie das Beispiel „Grüne Revolution": Intensivierung des Agraranbaus in den Tropen, vorwiegend Reis, künstlicher Dünger, Agrarberatung, landwirtschaftliche Maschinentechnologie. All dies wird von denen eingesetzt, die das Risiko des Ersteinsatzes eingehen können, denn es kann ja auch was schiefgehen. Und das muss man sich leisten können.

„Jede Kultur ist einzigartig und doch wie alle anderen" ist ein Kernsatz in vielen Ihrer Bücher. Einzigartig könnte man doch so verstehen, dass die Aneignung von Technik in jeder Kultur anders läuft?

Die Bandbreite der Vielfältigkeit der Aneignungen liegt sicher an der Verschiedenartigkeit der Normen- und Wertesysteme, die bei der Annahme der Technik eine Rolle spielen. Genderrollen, soziale Schichtungen, Arbeitsspezialisierungen etc. Alles was eine Kultur X ausmacht führt zuallererst zu einer spezifischen Wahrnehmung der Technik in dieser Kultur. Dann ist die entscheidende Frage: Kommt die neue Technik aus der eigenen Kultur oder von außen? Wenn sie von außen kommt, ist ein Bewertungsaspekt entscheidend: Ist die andere Kultur über- oder unterlegen? – ganz ethnozentrisch gedacht. Das kann dann dazu führen, dass eine Technik, die utilitaristisch betrachtet gut und nützlich ist, aber von einer abgelehnten Kultur kommt, nicht angenommen wird. Das ist ein Problem zwischen islamischen und westlichen Gesellschaften. Die heutigen islamischen Gesellschaften sind entstanden in einer Phase der Modernisierung westlicher Gesellschaften – aber in einer untergeordneten Stellung zu ihnen. Denken wir an eine Modernisierung wie im Iran, der eine explizit moderne Gesellschaft aufbauen möchte, mit allen modernen Technologien – aber ohne „westlich" zu sein. In solchen Situationen, also bei einer asymmetrischen Beziehung, entscheidet dann weniger die Nützlichkeit – sondern wie die Techniken aufgrund ihrer Herkunft eingeordnet werden.

Herr Antweiler, wir danken Ihnen für das Gespräch!

Ich danke Ihnen!

III. Aus Forschung und Praxis

Autonome Technik außer Kontrolle?

Möglichkeiten und Grenzen der Steuerung komplexer Systeme in der Echtzeitgesellschaft[1]

von **JOHANNES WEYER** (TU Dortmund)

Abstract:

Der Beitrag leuchtet die Konturen der mobilen Echtzeitgesellschaft aus, in der Informationen über Objekte und Personen jederzeit und überall verfügbar sind. Die Auswertung großer Datenmengen („Big Data") macht es möglich, komplexe soziotechnische Systeme in Echtzeit zu steuern. Empirische Studien zeigen, dass die Interaktion mit autonomer Technik nicht zwangsläufig zu einem Kontrollverlust auf Seiten des Menschen führen muss. Für eine politische Gestaltung der Echtzeitgesellschaft bedarf es jedoch neuartiger Formen einer intelligenten, institutionellen Regulierung.

Autonomous technology out of control?

Abstract: The paper clarifies the dimensions of mobile real time society, where information on objects and people is available everywhere and anytime. The analysis of large volumes of data ("big data") allows controlling complex socio-technical systems in real time. Empirical studies reveal that human interaction with autonomous technology does not inevitably have to lead to loss of control. However, the political shaping of real time society is in need of new kinds of smart, institutional regulation.

---

1 Der Beitrag erscheint 2018 unverändert in: Christiane Woopen / Marc Jannes (Hg.), Roboter in der Gesellschaft. Technische Möglichkeiten und menschliche Verantwortung. Berlin: Springer.

1. Transformationen

Im Laufe nur eines Jahrzehnts hat die Wissensgesellschaft einen massiven Technisierungsschub erlebt, der in seiner Durchschlagskraft und Geschwindigkeit seinesgleichen sucht. Mittlerweile sind nahezu alle gesellschaftlichen Bereiche (bis hin zur Privatsphäre) in einem zuvor kaum vorstellbaren Maße von Technik durchdrungen, welche immer stärker autonom agiert und zum Knotenpunkt umfassender Datennetze wird (MATTERN 2003).

Ein kurzer Rückblick veranschaulicht die gesellschaftspolitische Brisanz dieser Entwicklungen:

1.1 Industriegesellschaft

Die Industriegesellschaft des 19. Jahrhunderts war durch den Gegensatz von Kapital und Arbeit gekennzeichnet (Marx). Technik spielte in dieser Epoche in zweierlei Hinsicht eine Rolle: zum einen als Produktionstechnik (mit der Dampfmaschine als Antrieb), zum anderen als Transporttechnik (in Form der Dampflokomotive oder des Dampfschiffs). Die Eisenbahn brachte eine „Vernichtung" von Zeit und Raum mit sich (vgl. SCHIVELBUSCH 1977); sie wurde von den Zeitgenossen als eine Zeitmaschine empfunden, war es doch erstmals möglich, Waren und Personen innerhalb weniger Stunden von einem Ort zum anderen zu transportieren. Zudem verlor der Raum seine Wirkung als Medium sozialer Ungleichheit; denn mit den neuen Techniken war es nunmehr möglich, auch entlegene Gebiete zu erreichen und zu versorgen, was zu einer sukzessiven Angleichung des Lebensstandards führte (vgl. POPITZ 1995).

1.2 Wissensgesellschaft

Die Wissensgesellschaft ab Mitte des 20. Jahrhunderts baute auf diesen Errungenschaften auf, entdeckte nunmehr aber in verstärktem Maße das Wissen als neue Produktivkraft (vgl. BELL 1985 UND WILLKE 1998). Technik spielte hier vor allem als Informations- und Kommunikationstechnik eine Rolle, die sich nicht nur in der Verbreitung von Massenmedien, sondern auch in vielfältigen Formen der Individualkommunikation (Telefon) niederschlug (vgl. RAMMERT 1990). Zudem vollzog sich eine Informatisierung weiter Teile der Gesellschaft, angefangen in Produktion, Logistik und Handel, später aber auch im Verkehr, im Bildungswesen, in der öffentliche Verwaltung usw. (vgl. MATTERN 2007).

1.3 Echtzeitgesellschaft

Die Echtzeitgesellschaft des 21. Jahrhunderts forciert diese Entwicklungen noch einmal, indem sie eine nahezu flächendeckende und allumfassende Digitalisierung sämtlicher Bereiche der Arbeitswelt, des öffentlichen Lebens und sogar des privaten Alltags betreibt. Mobile und (teil-)autonome Geräte wie das Smartphone bringen eine neue Qualität der Durchdringung mit Informationstechnik mit sich: Im „Internet der Dinge" (vgl. Fleisch/Mattern 2005) sind sowohl Personen als auch Objekte Bestandteile eines umfassenden Datennetzwerkes, die *always online* sind und permanent Daten generieren. Die Daten werden damit zum neuen Rohstoff der Echtzeitgesellschaft (vgl. Weyer 2014).

Mobile, vernetzte Geräte machen Informationen über Position *und* Identität von Objekten *und* Personen jederzeit und überall verfügbar. Zeit und Raum werden damit wieder relevant – ganz im Gegensatz zur Industriegesellschaft, in der diese beiden Größen tendenziell an Bedeutung verloren hatten.

In der globalisierten Ökonomie des ausgehenden 20. Jahrhunderts war es zunehmend unwichtig geworden, an welchem Ort produziert wurde (in Deutschland oder in China); und die *Just-in-time*-Produktion trieb die Vernichtung der Zeit insofern auf die Spitze, als die Vorprodukte ohne zeitlichen Vorlauf ans Band geliefert wurden (vgl. Monse/Weyer 2000). Mit Hilfe moderner Verfahren der elektronischen Warenwirtschaft wurden aus sequenziellen Zeit-Räumen, die Puffer und Spiel-Räume für Unerwartetes ließen, eng getaktete Zeit-*Fenster,* die durch immer perfektere Synchronisation zunehmend miteinander verschmolzen und parallel (statt zuvor sequenziell) abgearbeitet werden mussten. Charles Perrow (1987) hat diese Entwicklungen von linearen und lose gekoppelten Systemen zu komplexen und eng gekoppelten Systemen bereits 1987 beschrieben und auf die Risiken dieser Entwicklungen aufmerksam gemacht (ähnlich auch Rochlin 1997). Zwar steigen die Produktivität und die Effizienz eng gekoppelter Systeme (z. B. durch Auflösung von Lagern, die als Puffer dienten); zugleich steigt jedoch das Risiko, dass unvorhergesehene Störfälle das gesamte System lahmlegen.[2]

Die Echtzeitgesellschaft setzt auf diesen Tendenzen der Synchronisation sozialer Interaktionen auf, treibt sie aber gewissermaßen auf die Spitze. Mobile Geräte wie beispielsweise das Smartphone ermöglichen die Kopräsenz der Akteure an mehreren Orten zugleich (vgl. Hanekop/Wittke 2010). Der Enkel, der beim 80. Geburtstag der Oma per WhatsApp mit seinen Freunden online verbunden ist und nebenbei bei eBay mitbietet, sei hier nur als ein Beispiel

---

2 Das Beispiel der Deutschen Bahn demonstriert anschaulich, dass die immer engere Taktung des Zugverkehrs in den letzten Jahrzehnten zwar die Produktivität gesteigert, zugleich aber auch die Anfälligkeit für Störungen vergrößert hat.

genannt. Das *Just-in-time*-Denken, das ursprünglich aus den Bereichen Militär und Logistik stammt und auf einer Logik der Kontrolle basiert (vgl. Läpple 1985), prägt zunehmend auch unser Alltagshandeln. Die Dinge können nicht mehr warten, sondern müssen sofort erledigt werden (vgl. Rosa 2005). Der Brief, der noch vor wenigen Jahrzehnten frühestens in acht Tagen beantwortet sein konnte (bei Laufzeiten pro Richtung von drei bis vier Tagen – international eher Wochen), muss heute, sofern er als Mail eintrifft, möglichst noch am selben Tag bearbeitet werden – egal an welchem Ort der Welt man sich gerade befindet (vgl. Turkle 2011).

Die Echtzeitgesellschaft ist also eine zeitlose Gesellschaft, in der Raum und Zeit nahezu irrelevant sind. Zugleich gewinnen diese beiden Faktoren jedoch eine neuartige Bedeutung, und zwar in Form der sogenannten Meta-Daten, die bei elektronischen Transaktionen quasi „nebenbei" anfallen. Denn diese enthalten wertvolle Informationen wie beispielsweise die Identität und Position des Senders, die Adresse des Empfängers, den Zeitpunkt der Interaktion u. v. a. m. (vgl. Russell 2013). Bereits im 1. Weltkrieg wurde das Verfahren der Verkehrsdatenanalyse entwickelt, um den (verschlüsselten) Funkverkehr des militärischen Gegners zu analysieren und relevante Kommunikationsmuster zu dechiffrieren. Dieses Verfahren erlaubt es, aus den Verbindungsdaten Informationen zu generieren, die wertvoller sein können als der konkrete Inhalt der Transaktion bzw. Kommunikation (vgl. Rieger 2010 und Kurz/Rieger 2009).

Wo wir uns befinden, wenn wir mit unserem Smartphone (oder im smarten Fahrzeug) automatisiert eine Nachricht absetzen oder eine Transaktion tätigen, und wann wir dies tun, sind Daten, für die sich nicht nur die Nachrichtendienste interessieren. Auch eine Reihe neuartiger Geschäftsmodelle basiert auf Big-Data-Verfahren der Auswertung von Metadaten, beispielsweise in Form von *location based services,* die individuell maßgeschneiderte Angebote unterbreiten, wenn etwa Sonderangebote stationärer Händler nur an potenzielle Kunden[3] im Umkreis von wenigen Kilometern gesendet werden. Nicht zuletzt nutzen Anbieter von Mobilitätsdienstleistungen Echtzeitdaten ihrer Kunden mit Zeitstempel und Raumkoordinaten, um ein Lagebild – beispielsweise des Verkehrssystems – zu generieren und Empfehlungen auszusprechen bzw. passgenaue Services anzubieten (vgl. Kapitel 2).

---

3   Aus Gründen der verbesserten Lesbarkeit wird im Folgenden nur die männliche Form verwendet.

2. Mobile Echtzeitgesellschaft

Die mobile Echtzeitgesellschaft basiert zwar auf bekannten und bewährten Verfahren der Datenauswertung; diese gewinnen jedoch durch die neuen Möglichkeiten der Prozession großer Datenmengen in sehr kurzen Zeiträumen (bis hin zur Echtzeit) eine neue Qualität.

Ein wenig vereinfacht, lassen sich diese Verfahren, die auch unter dem Schlagwort „Big Data" bekannt sind, in drei Schritte unterteilen: die Datengenerierung, die Datenauswertung und die Steuerung individuellen Verhaltens, aber auch komplexer sozio-technischer Systeme (vgl. Abb. 1).

2.1 Datengenerierung

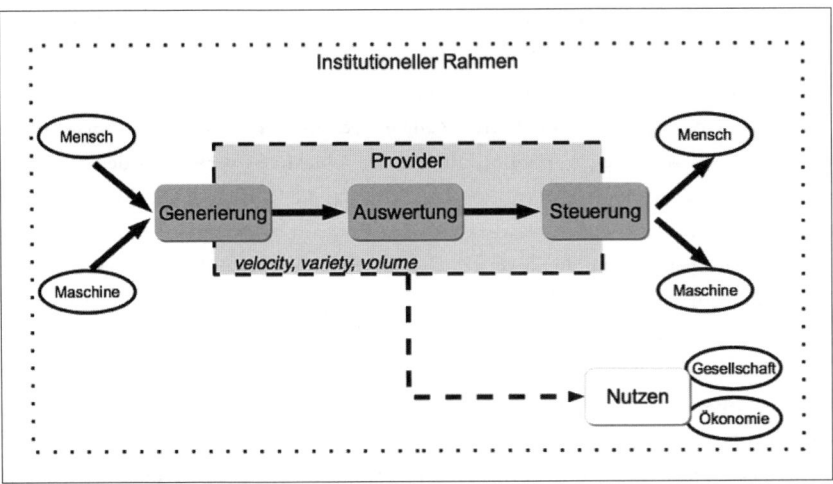

Abbildung 1: Big-Data-Prozessmodell (eigene Darstellung)

Am Beginn des Prozesses steht die Generierung von Daten durch Menschen oder Maschinen, beispielsweise in Form von Diagnosedaten, die Flugzeuge oder Fahrzeuge automatisch an die Service-Zentrale senden, bzw. von Bewertungen, die Nutzer von Online-Plattformen abgeben. Diese Daten fallen in bislang kaum vorstellbaren Mengen an *(volume)*, stammen aus unterschiedlichsten Quellen wie Texten, Bildern, Videos etc. *(variety)* und werden in hoher Geschwindigkeit – oftmals im Moment des Ereignisses – generiert und übertragen *(velocity)*. Deshalb spricht man häufig von den *drei V's* als Charakteristikum von Big Data (vgl. DELISLE et al. 2016).

Daten fallen nicht nur im industriellen oder administrativ-hoheitlichen Sektor an; auch der private Bereich ist mittlerweile von einer gigantischen Welle der Selbstvermessung erfasst (vgl. ZILLIEN ET AL. 2014), und zwar mithilfe des sprichwörtlichen „Spions in der Hosentasche" (vgl. KURZ 2011). Ernährungs- oder Fitness-Apps erfassen Vitaldaten, Ernährungsgewohnheiten, sportliche Aktivitäten etc. Zudem übermitteln sie diese Daten an die Provider, was zumeist automatisch und für den Nutzer unbemerkt geschieht. Routenplaner für das Auto oder das Fahrrad funktionieren ähnlich, indem sie permanent Positionsdaten an den Datendienstleister senden. Und schließlich sind auch die smarten Maschinen im Szenario *Industrie 4.0* Knoten im gigantischen Datennetz, welches große Datenmengen von Menschen *und* Maschinen erhält, und zwar in Echtzeit (vgl. HIRSCH-KREINSEN 2014).

Vergleicht man traditionelle Verfahren der Datenerhebung (in der empirischen Sozialforschung oder im Marketing) mit den neuartigen Verfahren der Selbstdiagnose und Selbstortung durch Smartphones, Smartwatches und andere Begleiter des Alltags, so wird die neue Qualität der Echtzeitgesellschaft erkennbar. Eine fragebogengestützte Erhebung von Einstellungen, Verhaltensgewohnheiten oder Kaufabsichten war eine langwierige Prozedur, die nur mit einem gewissen Zeitverzug Ergebnisse lieferte. Zudem lagen die Rücklaufquoten oftmals nur im einstelligen Prozentbereich, und das Problem der subjektiven Verzerrung der Antworten ließ sich nur schwer bewältigen (vgl. BORTZ 2005), was die Validität der Schlussfolgerungen beeinträchtigte.

Die Datengenerierung durch smarte Geräte bringt demgegenüber eine neue Qualität mit sich; denn hier fallen nicht-responsive Verhaltensdaten an, die das reale Verhalten von Personen widerspiegeln und nicht durch einen subjektiven Bias gefärbt sind (vgl. SALGANIK et al. 2006). Kann ein Befragter bei der Frage mogeln, ob er gelegentlich das Geschwindigkeitslimit ignoriert, so ist dies bei Daten nicht mehr möglich, die das Smartphone oder das smarte Auto per Sensorik erfasst und über Mobilnetze automatisch an den Provider übermittelt.

Zudem werden auf diese Weise nicht mehr bloß Stichproben gezogen, sondern tendenziell die Gesamtheit aller Daten und damit nahezu vollständige Samples erfasst – der Traum eines jedes Sozialforschers bzw. Marketing-Experten.

Allerdings stellt sich die Frage nach der Verlässlichkeit und der Vertrauenswürdigkeit der Daten. Wenn ein Nutzer (wie etwa der Autor dieses Beitrags) sein Smartphone nicht mit ins Fitness-Studio nimmt, weil es dort gestohlen werden könnte, stellt sich die Frage, wie aussagekräftig die persönlichen Daten sind, wenn sie beispielsweise an Krankenkassen übermittelt werden. Wir werden auf das Problem des Vertrauens in einem späteren Abschnitt zurückkommen.

2.2 Datenauswertung

Die so gewonnenen Daten werden im Zeitalter des Big Data maschinell verarbeitet. Moderne Verfahren des maschinellen Lernens ermöglichen es, große Datensätze in hoher Geschwindigkeit bzw. in Echtzeit zu verarbeiten, selbst wenn die Daten aus sehr unterschiedlichen Quellen stammen (vgl. Kersting/Natarajan 2015). Auf diese Weise können Verhaltensregelmäßigkeiten und Muster in den Daten erkannt werden, wie Eagle und Pentland bereits 2006 mit Hilfe eines Experiments gezeigt haben.

Auf Basis der Daten, die einhundert Freiwillige mit ihren mobilen Geräten generiert hatten, konnten sie zum einen individuelle Verhaltensmuster erkennen, mit denen sich beispielsweise Personen mit hohen Anteilen von Routine-Tätigkeiten von solchen mit eher chaotischen oder anderweitig auffälligen Tagesstrukturen unterscheiden ließen (vgl. Eagle/Pentland 2006: 259). Darüber hinaus konnten sie auch das kollektive Verhalten von Gruppen und damit die Strukturen komplexer Sozialsysteme identifizieren. Dabei kamen bewährte Verfahren der Netzwerkanalyse wie beispielsweise Proximitätsmaße zum Einsatz (S. 264).

Eine andere Studie zeigte, dass sich mit Hilfe sogenannter *Soziometer* (Armbänder, die eine Vielzahl von Verhaltensdaten erfassen) die interpersonale Interaktion erfassen lässt und auf diese Weise subtile, latente Strukturen identifiziert werden können, die den Beteiligten nicht bewusst sind, aber dazu beitragen, den Interaktionsverlauf zu erklären (z.B. das Finden eines Konsenses) (vgl. Mitchell 2009).

Die Community des *data mining und machine learning* ist noch uneins, welche Verfahren und Methoden beim *reality mining* zum Einsatz kommen. Ginsberg et al. (2009) waren mit der Aufsehen erregenden These an die Öffentlichkeit getreten, dass sie auf Basis von Daten der Suchmaschine Google den Verlauf von Grippe-Epidemien viel genauer beschreiben (und so den weiteren Verlauf auch frühzeitiger vorhersagen) könnten als die staatliche Gesundheitsbehörde. Letztere verwendete konventionelle Verfahren der Datensammlung und -aggregation und hatte so stets einen gewissen zeitlichen Rückstand. Unter dem Namen *Google Flu Trends* wurden Prognosen für etliche Länder angeboten, bis der Dienst 2014 eingestellt wurde.[4]

Lazer et al. (2014) hatten nämlich den Nachweis geführt, dass *Google Flu Trends* regelmäßig Fehlprognosen abgegeben hatte. Zudem hatte dieser Dienst einige Grippewellen komplett ignoriert und letztlich sogar schlechtere Prognosen generiert als die staatliche Gesundheitsbehörde (S. 1203). Lazer et al. werfen Google eine maßlose Selbstüberschätzung vor, vor allem aber eine systematische Vernachlässigung der Grundregeln traditioneller Statistik, was die vollmundigen

---

4   www.google.org/flutrends/about (08.02.2016).

Versprechungen, Big Data könne die bewährten wissenschaftlichen Methoden und Verfahren ablösen, in einem etwas anderen Licht erscheinen lässt.[5]

Es lohnt sich, die Kritikpunkte von Lazer et al. im Einzelnen zu betrachten: Ein zentraler Punkt ist die mangelnde Replizierbarkeit der Analysen, da Google weder die Daten noch die Algorithmen veröffentlicht. Zudem leide die Qualität der Daten unter den permanenten Veränderungen des Suchalgorithmus, die das Unternehmen (aus unternehmerischen Gründen der Profilierung gegenüber Wettbewerbern) in sehr kurzen Abständen vornimmt; dies mache es nahezu unmöglich, vorherige Analysen nachzuvollziehen. Neben dieser internen Dynamik könnten zudem gezielte Manipulationen – von „campaigns and companies" (S. 1204), die beispielsweise die Suchmaschine Google via Twitter füttern – zu einer Verzerrung beitragen, ganz zu schweigen von Googles eigenen kommerziellen Interessen, die zu einer gezielten – und schwer nachweisbaren – Manipulation der Suchergebnisse beitragen können.

Die Praktiken eines gewinnorientierten Wirtschaftsunternehmens stehen also im Widerspruch zu den Prinzipien des Wissenschaftsbetriebs, beispielsweise in puncto Transparenz. Lazer et al. belassen es jedoch nicht bei *Google bashing,* sondern schlagen eine produktive Lösung des Interessenkonflikts in Form einer Kooperation von traditioneller Statistik und Big Data vor, um gemeinsam zu besseren Ergebnissen zu gelangen (S. 1205).

Ungeachtet einer Vielzahl noch offener methodisch-konzeptioneller Fragen treten etliche Verfechter des Big Data mit Visionen und Utopien auf den Plan, die von einem enormen Fortschrittsoptimismus geprägt sind. Durch *reality mining* und Echtzeitsteuerung könne man die Welt verbessern und zum Beispiel Krankheiten heilen, Staus vermeiden oder Betrug, Kriminalität und Terrorismus effizient bekämpfen (vgl. MITCHELL 2009, SHARMA/SINGH 2015, McCUE 2014 und RUSSELL 2013) – und bei all dem auch noch Kosten sparen. Hier tritt ein technokratischer Impetus zutage, der sehr an Bacons Allmachts-Phantasien aus dem 17. Jahrhundert (vgl. BACON 1982) und an vergleichbare Versprechungen in späteren Phasen technologischer Umwälzungen erinnert.

Und wiederum geht es nicht nur darum, die Welt zu beschreiben und zu verstehen, sondern auch sie zu verändern bzw. zu verbessern – und zwar durch steuernde Eingriffe in das menschliche Verhalten, die sozialen Interaktionen sowie die sozialen Strukturen (vgl. McCUE 2014: Introduction). Ein wichtiges Instrument ist dabei die Identifikation von Mustern in den Datenmassen, die beispielsweise das typische Verhalten von Supermarkt-Kunden beschreiben und dazu genutzt werden können, deren Kaufverhalten durch entsprechende Anreize „sanft" zu steuern. Dazu wird ein individuelles Profil

---

5   Wie viel traditionelle Statistik auch in Big Data steckt, belegen die lehrbuchartigen Einführungen in die Methoden und Techniken des *data mining* von Russell (2013) und Larose/Larose (2015).

jedes Kunden angelegt und mit den entsprechenden Mustern abgeglichen (vgl. LAROSE/LAROSE 2015). Bei der Identifikation potenziell krimineller Handlungen kommen zudem Bewertungen ins Spiel, die das jeweilig individuelle Verhalten als innerhalb (bzw. außerhalb) der Norm stehend einstufen. Auf Basis derartiger Normalitätserwartungen ist es dann möglich, Anomalien zu identifizieren und beispielsweise Betrugsfälle oder terroristische Planungen aufzudecken. Zudem lassen sich mithilfe des *predictive policing* Vorhersagen über Kriminaldelikte treffen, was dazu beiträgt, die Einsatzkräfte der Polizei gezielt zu steuern und effizient einzusetzen (vgl. MCCUE 2014).

2.3 Echtzeitsteuerung

Die Techniken und Verfahren des *data mining* basieren folglich auf dem Dreischritt von Beschreiben, Vorhersagen und Verändern. Zunächst werden Muster und Trends in großen Daten-Sets identifiziert, um auf dieser Basis Prognosen und Abschätzungen künftiger Ereignisse abgeben zu können. Diese sind dann die Grundlage für gezielte Eingriffe, mit deren Hilfe das Verhalten einzelner Individuen oder ganzer Kollektive in die gewünschte Richtung gesteuert bzw. unerwünschtes Verhalten verhindert werden soll (vgl. RUSSELL 2013). Dabei kommen sowohl traditionelle statistische Methoden als auch innovative Techniken der Echtzeit-Datenverarbeitung zum Einsatz.

Die eigentliche Pointe der Echtzeitgesellschaft besteht jedoch darin, dass es möglich wird, komplexe sozio-technische Systeme in Echtzeit zu steuern, was bislang als nahezu undenkbar galt. Dabei kommt ein neuer Governance-Modus zum Einsatz, der sich als zentrale Steuerung dezentral-selbstorganisierter Systeme beschreiben lässt (vgl. ROCHLIN 1997 und WEYER 2014). Wie das Beispiel der intelligenten Verkehrssteuerung zeigt, agieren die Akteure autonom und generieren durch ihr schwarmförmiges Verhalten Effekte wie etwa den Stau. Sie fungieren jedoch zugleich als „Knoten im Netz" (TA-SWISS 2003), welche aktuelle Zustands-Informationen beispielsweise an Navigations-Dienstleister senden. Diese generieren aus den Daten ein aktuelles Lagebild sowie Prognosen über den künftigen Zustand des Verkehrssystems und spielen diese in Form von Routenempfehlungen an die Nutzer zurück. Ein Novum ist dabei der direkte Zugriff der „Zentrale" auf die einzelnen Komponenten des Systems – und zwar in beiden Richtungen: in Form der Datenübermittlung vom Nutzer zur Zentrale und umgekehrt.

Anders als in klassischen Hierarchien haben die individuellen Akteure jedoch die Wahl, den Empfehlungen zu folgen oder diese zu ignorieren. Sie behalten ihre Entscheidungsfreiheit und werden durch Informationen und Hinweise lediglich „sanft" gesteuert. In welchem Maße sie noch in der Lage sind, eigene Pläne zu verfolgen und in Echtzeit Alternativ-Optionen zu generieren, ist allerdings eine offene Frage; mangels eigener Alternativen werden sie den Empfehlungen des Navigations-Systems zumeist „blind" folgen (WEYER 2014).[6] Die Echtzeitgesellschaft bringt also eine neue Qualität der Steuerung komplexer soziotechnischer Systems mit sich. Zweifelsohne wurden auch in den Zeiten vor Big Data Daten dazu genutzt, Wissen zu generieren, das zur Steuerung sozialer Systeme oder ganzer Gesellschaften verwendet werden konnte. Man denke etwa an die periodischen Volkszählungen. Aber diese Verfahren waren sehr langwierig, und die Analysen waren zum Zeitpunkt ihrer Veröffentlichung oftmals bereits veraltet. Die Echtzeitgesellschaft eröffnet Potenziale, die weit über die traditioneller Verfahren hinausgehen.

2.4 Exkurs: Vertrauen in der Echtzeitgesellschaft

Auch in der Echtzeitgesellschaft spielt Vertrauen in vielerlei Hinsicht eine zentrale Rolle, um insbesondere Geschäftsmodelle, die auf Big Data basieren, zum Erfolg zu führen (vgl. 2. 1). Denn der Nutzer muss darauf vertrauen, dass der Provider mit seinen Daten verantwortungsvoll umgeht; ansonsten könnte seine Bereitschaft versiegen, weiterhin Daten zur Verfügung zu stellen. Zudem muss er dem institutionellen Rahmen vertrauen, beispielsweise derart, dass das Rechtssystem Regelungen zum Schutz der Privatsphäre vorhält und bei Bedarf auch durchsetzt. Da der Staat und das Rechtssystem nicht in der Lage sind, sämtliche Abläufe bei großen Datendienstleistern kleinschrittig zu kontrollieren, ist auch hier Vertrauen unerlässlich – als Bestandteil eines mehrstufigen Regulierungs-Regimes (vgl. Kap. 6).

Umgekehrt müssen die Provider auch dem Nutzer trauen. Wenn die bereitgestellten Daten nicht verlässlich, sondern unvollständig oder manipuliert sind, kann dies die Analysen verfälschen und zu inkorrekten Schlussfolgerungen verleiten. Schließlich basiert die Bereitschaft der Nutzer, den Hinweisen und Empfehlungen großer Datendienstleister zu folgen, auf dem Vertrauen, dass diese hilfreich und nützlich sind, um ihre persönlichen Interessen zu befriedigen. Auch die Echtzeitgesellschaft baut demnach auf einem komplexen Geflecht von Vertrauensbeziehungen auf.

---

6   Ähnlich soll auch in künftigen intelligenten Stromnetzen (smart grid) die Verhaltenskontrolle funktionieren, die nicht nur auf das einzelne Individuum zielt, sondern letztendlich dazu beitragen soll, das gesamte System zu optimieren.

2.5 Zwischenfazit

Fasst man diese Entwicklungen zusammen, so stellt man zunächst eine hohe zeitliche Verdichtung fest. Prozesse, die früher Tage, Wochen oder gar Monate dauerten, vollziehen sich heute in Sekunden oder Minuten. Zudem sind die Abläufe hochgradig automatisiert, sodass oftmals unklar bleibt, nach welcher Logik die Echtzeitsteuerung funktioniert. Denn diese basiert auf Algorithmen, die zumeist unabhängig vom Eingreifen eines menschlichen Individuums Entscheidungen treffen und so eine „intelligente" Steuerung komplexer Systeme ermöglichen. In der Echtzeitgesellschaft ist es erstmals möglich, dezentrale Systeme, in denen die Individuen autonome Entscheidungen treffen, zentral zu steuern – was bislang als ein nicht auflösbarer Widerspruch galt. Die Echtzeitsteuerung verknüpft und vereinbart in gewisser Weise eine zentralistische Planung mit der dezentralen Selbstorganisation: Sie belässt den Individuen die freie Entscheidung, zwischen unterschiedlichen Handlungsalternativen zu wählen (also ihr lokales Optimum zu finden), aber sie beeinflusst deren Entscheidungsspielräume in einer Weise, die auf eine Optimierung des Gesamtsystems, also auf ein globales Optimum abzielt. Welche Konsequenzen dies für die Handlungsfähigkeit des Individuums hat, ist schwer abzusehen. Erkennbar ist eine Verschiebung von sequenzieller zu simultaner Planung. Eine langfristige Vorabplanung von Routen (beispielsweise mit einem Auto-Atlas) ist nicht mehr nötig, ermöglicht das Navigationssystem im Auto doch eine Ad-hoc-Planung, die simultan während der Fahrt erfolgen kann. Das einzelne Individuum passt sich adaptiv und kurzfristig an den aktuellen Systemzustand an und richtet seine Entscheidungen an den aktuellen Gegebenheiten aus, ohne jedoch über ein komplettes Lagebild zu verfügen und ohne einen (konventionell erstellten) Alternativplan in der Tasche zu haben, der im Falle von Störungen, Irritationen, Systemausfällen etc. hilfreich sein könnte.

Autonome technische Systeme und lernende Maschinen, die ihre Algorithmen sukzessiv optimieren, sind also ein wichtiger Bestandteil von Big Data, was die Frage nach der Kontrolle und politischen Steuerung dieser Entwicklungen aufwirft. Wer trägt die Verantwortung für einen Umsatzverlust, der einem Spediteur entsteht, dessen Lkw-Fahrer einer Empfehlung seines Navigationssystems gefolgt ist, welche die Fahrzeit verlängert statt verkürzt hat? Wie lässt sich die Verursachung dieses Verlusts nachträglich nachweisen, wenn die Algorithmen – je nach Situation – ständig wechselnde Ergebnisse produzieren? Und kann man Verfahren, die zur Echtzeitsteuerung komplexer sozio-technischer Systeme eingesetzt werden, noch kontrollieren, wenn die Prozesse hochautomatisiert und zudem in sehr kurzen Zeiträumen ablaufen?

Diese Fragen verweisen auf die ethischen und gesellschaftspolitischen Dimensionen der Echtzeitgesellschaft. Da sich die Konturen dieser neuen Gesellschaft erst am Horizont abzeichnen, ist es allerdings bislang kaum möglich, derartige Fragestellungen empirisch zu untersuchen.

Wir werden daher im Folgenden einen Schritt zurückzugehen und uns auf real existierende Formen der Interaktion mit autonomer Technik (Kap. 3 und 4) sowie auf das Problem des Kontrollverlusts (Kap. 5) konzentrieren, um im Anschluss die Frage nach Möglichkeiten der Steuerung und Regulierung komplexer Systeme zu stellen (Kap. 6).

3. Interaktion mit autonomer Technik

Autonome technische Systeme sind an vielen unserer alltäglichen Handlungen beteiligt. Wenn wir unsere E-Mails lesen, agiert im Hintergrund ein Spam-Filter, der einen Großteil der an uns adressierten Spam-Mails ohne unser Zutun aussortiert. Und wenn wir Auto fahren, tun wir das im Zusammenwirken mit elektronischen Fahrerassistenzsystemen wie etwa dem Electronic stability program (ESP), das im Notfall selbsttätig eingreift.

Autonome technische Systeme wirken also zunehmend an unseren Entscheidungen mit bzw. übernehmen diese sogar zum Teil komplett. Derartige Systeme sind zudem in der Lage, eigenständige Entscheidungen zu treffen, wie sie zuvor ausschließlich dem Menschen vorbehalten waren (vgl. RAMMERT/SCHULZ-SCHAEFFER 2002). Bislang tun sie dies weitgehend autonom, indem sie sich mittels Sensorik ein Lagebild verschaffen und daraus ihre Entscheidungen ableiten. In Zukunft wird es jedoch zunehmend möglich sein, dass sich autonome technische Systeme vernetzen, Informationen austauschen und auf dieser Basis eine aufeinander abgestimmte Problemlösung generieren. Das Kollisionswarnsystem TCAS in der Luftfahrt (vgl. WEYER 2006) oder die Vision der Car-2-Car-Communication (vgl. LÜCKE 2008) mögen hier als Beispiele genügen. Dies wäre ein Schritt von der lokalen Optimierung individueller Agenten zur globalen, koordinierten Optimierung komplexer Systeme.

3.1 Normativ-ontologische Zugänge

Avancierte Maschinen zeigen also Verhaltensweisen, die zuvor ausschließlich dem Menschen vorbehalten waren; zudem interagieren sie mit uns in einer Weise, die Ähnlichkeiten mit zwischenmenschlicher Interaktion hat. Man denke etwa an Apples Siri. Dies hat Debatten provoziert, die von einer Enthumanisierung durch autonome Technik sprechen und, gestützt auf ontologische Argumente, eine Grenzziehung fordern, die das Spezifikum des Menschen im Unterschied zur Maschine betont und bewahrt (vgl. STURMA 2001). Bislang ist es aber nicht gelungen, diese Abgrenzung von Mensch und Maschine überzeugend vorzunehmen, weshalb derartige Versuche oftmals ins Normative abgleiten.

Umgekehrt fordert der radikale Posthumanismus – ebenso normativ und auf schwacher empirischer Basis – eine Auflösung sämtlicher Schranken und eine Anerkennung der Technik als gleichberechtigten Partner des Menschen (vgl. LATOUR 1998). Die These der Symmetrie von Mensch und Technik hat jedoch die überraschende Konsequenz, dass der Mensch zu einer beliebig manipulierbaren Maschine degradiert wird (vgl. WEYER 2009).

3.2 Soziologische Zugänge

Ein Ausweg aus diesen – zumeist fruchtlosen – Debatten besteht unseres Erachtens darin, auf ontologische Ansätze zu verzichten und sich stattdessen auf die konkreten Formen der Interaktion von Menschen mit autonomen technischen Systemen zu konzentrieren. Autonome Technik wird hier als ein technisch avanciertes System verstanden, das auf Basis algorithmischer Programmierung Ziele verfolgt (etwa Unfälle zu vermeiden), dem wir zudem in natürlichen Umgebungen begegnen, wo dieses System eigenständige Entscheidungen trifft, dabei verhaltensähnliche Züge zeigt und somit soziale Reaktionen in uns provoziert (vgl. WOOLDRIDGE/JENNINGS 1995). Autonome technische Systeme besitzen die Fähigkeit, unterschiedliche Zustände anzunehmen und zum Teil unvorhersehbare Entscheidungen zu treffen. Damit rücken die Zuschreibungsprozesse in den Mittelpunkt, also die Frage, ob ein Mensch einem Gegenüber (sei es Mensch oder Maschine) Handlungsfähigkeit zuschreibt, beispielsweise in der bekannten Formulierung „mein Computer spinnt mal wieder". Die Handlungsfähigkeit autonomer Technik bestimmt sich demzufolge nicht durch einen wie auch immer gearteten objektiven Maßstab, sondern durch die Zuschreibung des menschlichen Gegenübers, der die Technik als Interaktionspartner wahrnimmt und sich entsprechend verhält, d. h. soziale Reaktionen zeigt, wie sie auch in der Mensch – Mensch Interaktion typisch sind.

4. Hybride Kollaboration

Etliche soziologische Studien haben die Interaktion mit autonomer Technik empirisch untersucht. SHERRY TURKLE (2006) hat beispielsweise in Feldexperimenten mit Jugendlichen und alten Menschen herausgefunden, dass wir im Umgang mit Computern bzw. mit der Roboterrobbe Paro emotional reagieren. In Laborexperimenten konnte zudem gezeigt werden, in welchem Maße Menschen bei der Interaktion mit Technik auf bewährte soziale Verhaltensweisen zurückgreifen (vgl. REEVES/NASS 1996). Darüber hinaus konnte nachgewiesen werden, dass wir bei der Lösung von Aufgaben (z. B. beim Steuern eines Flugzeugs) die Technik als Teampartner akzeptieren (vgl. SARTER/WOODS 2000).

In eigenen Simulationsexperimenten haben wir zudem untersucht, ob die Versuchspersonen ein technisches Assistenzsystem als gleichberechtigten Partner wahrnehmen. Zu diesem Zwecke haben wir ein soziologisches Modell hybrider Interaktion von Mensch und Technik entwickelt und in Form eines einfachen Computerspiels implementiert. Damit konnten wir erstmals experimentell nachweisen, in welchem Maße die menschlichen Probanden sich selbst in einer symmetrischen Beziehung zur Technik verorten und wie stark sie der Technik Handlungsträgerschaft (*agency*) zuschreiben (vgl. FINK/WEYER 2011).

4.1 Pilotenbefragung

Eine Befragung von Piloten zeigte zudem ein überraschend hohes Vertrauen in die neuartige Form der hybriden Zusammenarbeit von Mensch und autonomer Technik an Bord moderner Verkehrsflugzeuge (vgl. WEYER 2015). Der überwiegende Teil der Piloten hat ein großes (56,0 %) bzw. sehr großes Vertrauen (32,1 %); die Gruppe mit geringem Vertrauen (11,5 %) ist sehr klein, und sehr geringes Vertrauen ist überhaupt nicht vertreten.

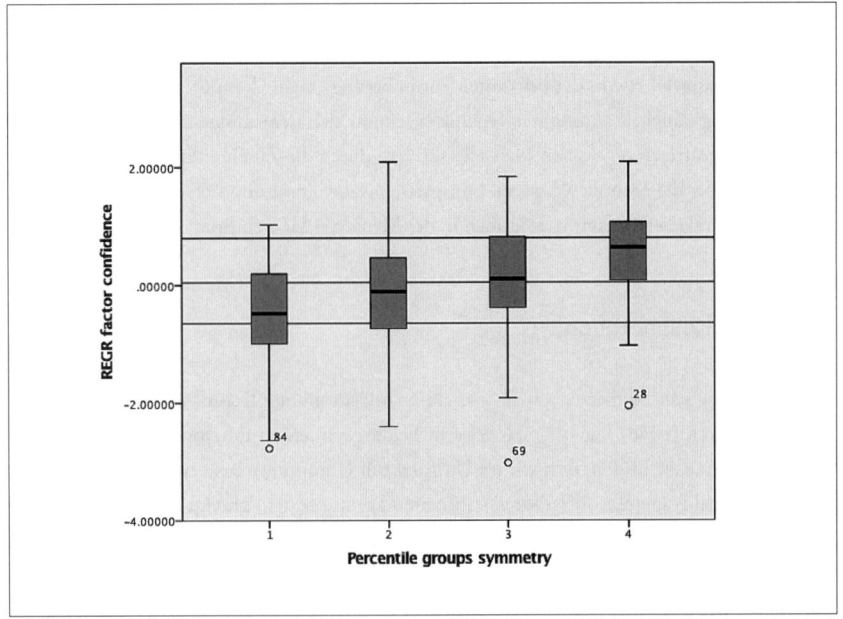

Abbildung 2: Stärke des Vertrauens in Bezug auf die vier Perzentilgruppen von wahrgenommener Symmetrie

Zudem gibt es einen positiven und signifikanten Zusammenhang zwischen der Symmetriewahrnehmung und dem Vertrauen in hybride Kollaboration. Je stärker die technischen Komponenten des sozio-technischen Systems Flugzeug als gleichberechtigter Partner wahrgenommen werden (x-Achse), desto höher ist das Vertrauen (y-Achse in Abb. 2). Die wahrgenommene Komplexität hingegen beeinflusst – überraschenderweise – das Vertrauen nicht negativ.

Schließlich haben wir untersucht, ob es Unterschiede zwischen unterschiedlichen Flugzeugtypen gibt. Die Vermutung, dass Airbus-Piloten aufgrund der überzogenen Automationsstrategie dieses Herstellers weniger Vertrauen haben als Boeing-Piloten, konnte nicht bestätigt werden. Stattdessen stellte sich heraus, dass Piloten von Kurzstrecken-Flugzeugen (Regional-Jets) deutlich mehr Vertrauen in hybride Kollaboration haben als andere – vermutlich wegen der größeren Anzahl von Starts und Landungen und der damit verbundenen Möglichkeit, Erfahrungen in der Kollaboration mit Automation zu machen (vgl. Abb. 3).

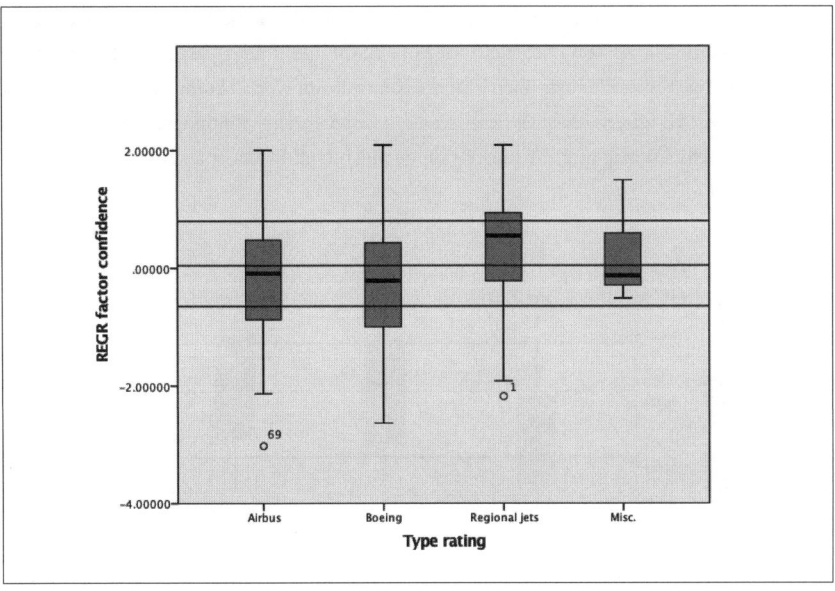

Abbildung 3: Vertrauen in hybride Kollaboration und Musterberechtigung („type rating")

Es macht daher Sinn, sich dem Verhältnis von Mensch und autonomer Technik neugierig und ohne normative Denkverbote zu nähern, um so die alltäglichen Praktiken der Mensch-Maschine-Interaktion zu entdecken und herauszufinden, wie die Rollenzuschreibung und Rollenverteilung funktioniert. Allerdings gibt es in diesem Feld noch großen Forschungsbedarf.

5. Kontrollverlust

Vertrauen in (autonome) Technik hängt eng mit der Bereitschaft zusammen, Kontrolle über Dinge oder Prozesse abzugeben. Vertrauen ist ein Bestandteil nahezu aller wirtschaftlichen und sozialen Transaktionen; denn nur in den allerwenigsten Fällen werden wir in der Lage sein, eine vollständige Kontrolle auszuüben. Beim Fahren eines Autos vertrauen wir darauf, dass der Motor technisch einwandfrei funktioniert und wir nur „Gas geben" müssen; und beim Kauf von Waren vertrauen wir darauf, dass das gekaufte Produkt die behauptete Qualität hat und seinen Preis wert ist. Diese beiden Beispiele zeigen jedoch, dass Vertrauen nicht nur auf einer dyadischen Beziehung von Treugeber und Treunehmer basiert, sondern auch ein institutionalisiertes Vertrauen in eine dritte Instanz (z. B. den TÜV oder die Rechtsprechung) umfasst (vgl. FINK 2014).

Besonders im Falle autonomer technischer Systeme sind die menschlichen Operateure (z. B. Piloten) bzw. die Nutzer von Dienstleistungen (z. B. Online-Käufer), kaum noch in der Lage, eine vollständige Kontrolle auszuüben bzw. die Kontrolle im Notfall komplett zu übernehmen. Das immer wieder zitierte Beispiel der – wenig transparenten – Reihung der Suchergebnisse von Suchmaschinen mag hier zur Illustration genügen (vgl. LAZER et al. 2014).

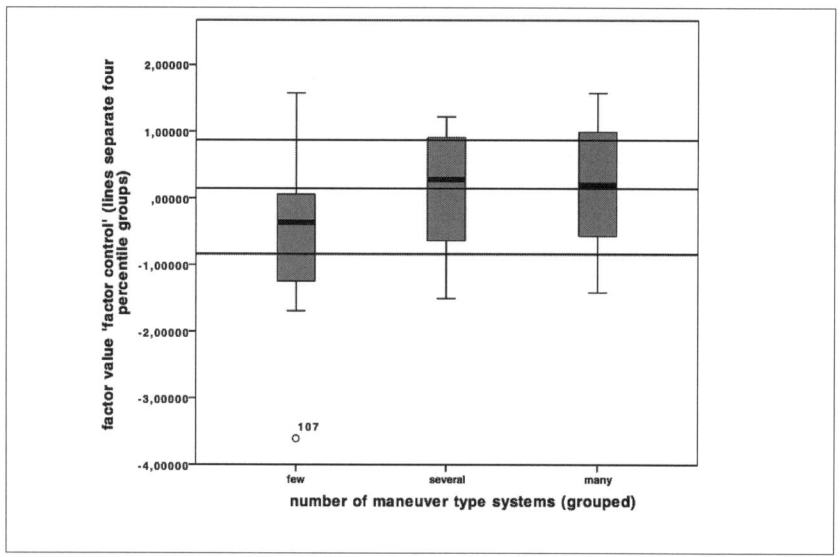

Abbildung 4: Kontrollempfinden in Bezug auf die Anzahl der Assistenzsysteme

Somit stellt sich die Frage, ob das unaufhörliche Vordringen autonomer Technik in nahezu alle Arbeits- und Lebensbereiche nicht notwendigerweise zu einem Gefühl des Kontrollverlusts auf Seiten des Menschen führt. Denn die fortschreitende Digitalisierung und Automatisierung steigert die Komplexität und Intransparenz sozio-technischer Systeme in einem Maße, das sie die Fähigkeit des Menschen zur Kontrolle derartiger Systeme übersteigen könnte.

Auch dieser Frage sind wir empirisch mithilfe einer Befragung von Autofahrern nachgegangen. Dabei stellte sich heraus, dass es keinen negativen Zusammenhang zwischen der Zahl der Fahrerassistenzsysteme und dem Kontrollempfinden der Fahrer gibt – im Gegenteil: Je mehr Assistenzsysteme an Bord des Autos sind, desto höher ist die wahrgenommene Kontrolle (vgl. WEYER et al. 2015b). Abbildung 4 zeigt für sogenannte „Führungssysteme" (bspw. Adaptive Cruise Control), bei denen Mensch und Technik intensiv interagieren, das Kontrollempfinden auf der y-Achse und die Anzahl der Assistenzsysteme auf der x-Achse. Auch negative Erfahrungen spielen überraschenderweise keine Rolle. Nur wenige Fahrer haben von Zwischenfällen mit Assistenzsystemen berichtet; in dieser Gruppe (mit negativen Erfahrungen) ist das Kontrollempfinden jedoch ohnehin sehr niedrig. Eine viel größere Rolle scheint die allgemeine Einstellung zu Technik zu spielen, die mit der wahrgenommenen Kontrolle stark korreliert (,326**). Abbildung 5 zeigt das Kontrollempfinden auf der y-Achse in Bezug auf die generelle Einstellung zu Technik, wobei man die Perzentilgruppe 1 als „technikavers" und die Perzentilgruppe 4 als „technikaffin" bezeichnen kann.

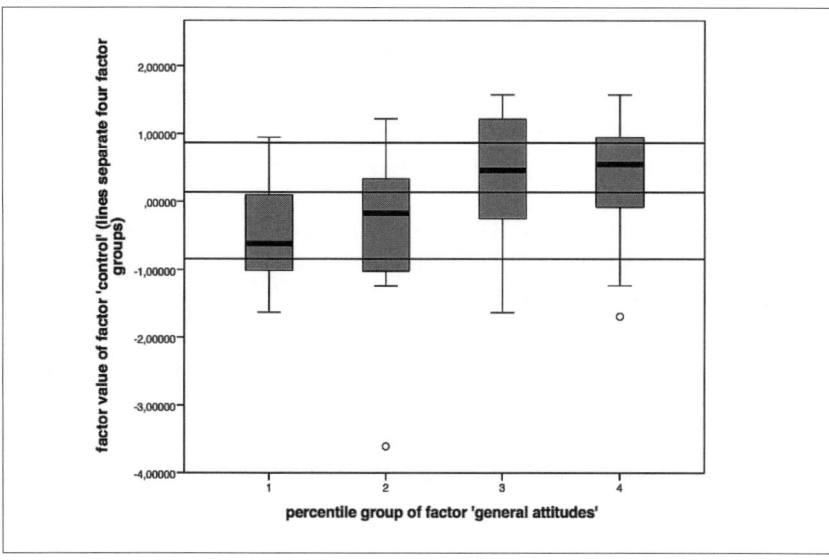

Abbildung 5: Kontrollempfinden in Bezug auf die Einstellung zu Technik

Es sind also vorrangig systemunabhängige Faktoren, die zur Wahrnehmung eines Kontrollverlustes führen, und weniger die Eigenschaften des konkreten technischen Systems.

Zusammenfassend lässt sich also festhalten: Die zunehmende Automation steigert zwar die Komplexität sozio-technischer Systeme; aber das Zusammenspiel von Mensch und autonomer Technik führt nicht zwangsläufig zu einem Kontrollverlust auf Seiten des menschlichen Bedieners.

6. Politische Steuerung und Regulierung

Das letzte Kapitel befasst sich mit der Frage, welche Möglichkeiten Politik und Gesellschaft haben, steuernd und regulierend in die Echtzeitgesellschaft zu intervenieren, um unerwünschte Folgen der zunehmenden Digitalisierung und Automatisierung zu vermeiden. Der Steuerungsbegriff wird somit in diesem Beitrag in zweifacher Weise verwendet: Zum einen zur Beschreibung der alltäglichen *operativen* Praktiken der Verhaltenssteuerung, beispielsweise durch Online-Dienste (vgl. KAP. 2), zum anderen zur Kennzeichnung *staatlich-politischen* Handelns, das auf die Erhaltung der Systemstabilität (z. B. Vermeidung eines Blackouts im Stromnetz) oder auf die Transformation komplexer sozio-technischer Systeme (z. B. Energiewende) ausgerichtet ist.

Sozialtheoretisch führt dies zu der spannenden Frage, ob sich komplexe sozio-technische Systeme *politisch* steuern lassen, wenn sie (per Definition) schwer durchschaubar sind und ihr Verhalten kaum vorhersehbar ist – und sie zudem zunehmend in Echtzeit operieren.

EDGAR GRANDE hat vor wenigen Jahren einen Offenbarungseid der Governance-Forschung geleistet, in dem er eingesteht, dass trotz jahrzehntelanger Arbeiten das Wissen über die Steuerbarkeit komplexer Systeme nach wie vor rudimentär ist (vgl. GRANDE 2012). Ein möglicher Ausweg aus der von ihm diagnostizierten „Governance-Falle" besteht darin, zunächst ein soziologisches Modell eines komplexen sozio-technischen Systems zu entwickeln, um dann im zweiten Schritt zu überprüfen, wie sich steuernde Eingriffe auf den Zustand des Systems auswirken. Ohne ein derartiges Systemmodell sind auch gut gemeinte Eingriffe notwendigerweise zum Scheitern verurteilt (vgl. WEYER ET AL. 2015a).

Ein komplexes System besteht aus einer Vielzahl autonomer Akteure, die auf der Mikroebene individuelle Strategien verfolgen und nach bestimmten Regeln operieren. Diese Regeln sind oftmals relativ einfach und lassen sich daher gut in formalisierter Weise beschreiben (vgl. ESSER 1993).[7] Auf der Mikroebene finden wir also typischerweise wenig Komplexität. Durch die Interaktion einer großen Zahl von Agenten, die jeweils ihre eigenen Strategien verfolgen,

---

7 Man denke beispielsweise an die (tägliche) Entscheidung, mit welchem Verkehrsmittel der Weg zur Arbeit zurückgelegt wird.

und deren Wechselwirkungen entstehen jedoch nicht-lineare Dynamiken, die ein emergentes Systemverhalten produzieren können, das schwer vorhersehbar ist und daher auf den Beobachter komplex wirken kann. Ein anschauliches Beispiel ist der Verkehrsstau: Die Regeln, nach denen die einzelnen Autofahrer agieren, sind einfach und leicht beschreibbar. Durch ihr Zusammenwirken produzieren sie jedoch ein emergentes Resultat, den Stau, den niemand wollte bzw. intentional produziert hat, der vielmehr Resultat nichtlinearer Interaktionen ist. Zudem hat der Stau eigene, emergente Qualitäten: Er bewegt sich mit einer Geschwindigkeit von 15 km/h *gegen* die Fahrtrichtung, während sich die Fahrzeuge in Fahrtrichtung bewegen (vgl. Resnick 1995).

Nur wenn man verstanden hat, wie komplexe sozio-technische Systeme funktionieren, und wenn man sie modellieren kann, ist man auch in der Lage zu verstehen, wie deren Steuerung funktioniert.

6.1 Simulator „SimCo"

Um derartige steuerungstheoretische Fragen experimentell zu untersuchen, haben wir an der TU Dortmund einen Simulator mit dem Namen SimCo entwickelt, was für „Simulation of the Governance of Complex Systems" steht. SimCo verwendet die Methode der agentenbasierten Modellierung und Simulation (vgl. Van Dam et al. 2013). Wir haben Software-Agenten programmiert, die sich in einer Landschaft (bspw. einem Straßenverkehrsnetz) bewegen, um dort ihre Aufgaben zu erledigen (bspw. zur Arbeit fahren, einkaufen etc.), und dabei unterschiedliche Technologien nutzen (ÖPNV, Fahrrad, Auto).

Im Unterschied zu anderen Simulationsmodellen hat SimCo eine soziologische Fundierung. Die Agenten agieren nach einem Handlungsmodell, das in der soziologischen Theorie verankert ist und zudem berücksichtigt, dass es unterschiedliche Akteurtypen gibt, die ihre Entscheidungen auf Basis der jeweiligen subjektiven Präferenzen fällen (vgl. Weyer et al. 2016).

SimCo ermöglicht es somit Experimente durchzuführen, in denen unterschiedliche Formen steuernder Eingriffe in das System getestet werden, beispielsweise Anreize, den ÖPNV zu nutzen, oder Restriktionen für das klassische Automobil. In Simulationsexperimenten können *What-if*-Szenarien durchgespielt werden, in denen untersucht wird, wie sich verschiedene Formen der Intervention auf das Systemverhalten auswirken. So kann beispielsweise überprüft werden, ob die bestehenden Anreize für Käufer von Elektrofahrzeugen ausreichen, um die angestrebte Verkehrswende herbeizuführen.

SimCo basiert auf einem Mehrebenen-Modell von Governance, das in sich verschachtelte Regelkreise enthält: erstens die Interaktion der Agenten mit dem Verkehrsnetz, zweitens die

Operationen einer Verkehrs-Leitstelle, die eingreift, wenn bestimmte Grenzwerte überschritten sind (bspw. CO_2-Limits), und drittens die politischen Entscheidungen, beispielsweise durch Restriktionen oder die Festlegung von Grenzwerten oder die Förderung neuer Technologien steuernd in das System einzugreifen.

Die geplanten Experimente mit SimCo sollen dazu beitragen, die Debatte über die Steuerbarkeit komplexer sozio-technischer Systeme mit experimentellen Ergebnissen zu unterfüttern.

6.2 Institutionelle Regulierung

Wie ein derartiges, verschachteltes Mehrebenen-System dazu beitragen kann, politisch erwünschtes Verhalten zu fördern (etwa im Bereich Energieeinsparung oder Datenschutz), soll abschließend diskutiert werden. Ausgangspunkt ist dabei die Annahme, dass in modernen Gesellschaften kein Akteur, auch nicht der Staat, in der Lage ist, das Verhalten anderer gesellschaftlicher Akteure kleinschrittig zu steuern. Denn die – oftmals gut organisierten – Akteure besitzen eine hohe Autonomie und haben ein großes Potenzial der Selbstregulierung, was sie tendenziell resistent gegen Versuche der interventionistischen Steuerung macht (vgl. LUHMANN 1997, MAYNTZ/SCHARPF 1995). Etwas konkreter formuliert: Kein noch so mächtiger Staat der Welt vermag es, Internet-Riesen wie etwa Google feinzusteuern; allein das mangelnde Detailwissen der internen Strukturen sowie die fehlenden Kompetenzen zur Kontrolle der relevanten Prozesse machen dies unmöglich.

Steuerung muss daher „intelligent" ansetzen, d. h. Rahmenbedingungen schaffen, die den Steuerungs-Adressaten dazu bringen, im eigenen Interesse das „Richtige" bzw. „Erwünschte" zu tun (vgl. WILLKE 2007). Ein instruktives Beispiel ist die amerikanische Börsenaufsicht SEC, die sich gar nicht erst anmaßt, Korruption verhindern zu können. Sie operiert vielmehr mit einem System von Anreizen und Sanktionsdrohungen derart, dass Unternehmen, die der Korruption überführt werden, drakonische Strafen drohen, diese aber erheblich gemildert werden, wenn nachgewiesen werden kann, dass das Unternehmen alles nur Erdenkliche unternommen hat, um Korruption zu verhindern (vgl. LÜBBE-WOLF 2003). Das Unternehmen wird dadurch in die Verantwortung genommen, beispielsweise interne Compliance-Regelungen umzusetzen und so im eigenen Interesse die Mitarbeiter zu einem Verhalten zu veranlassen, das gesellschaftlich wünschenswert ist.[8]

---

8 Vgl. auch das Konzept der Ko-Regulierung von Staat und Gesellschaft (Spindler/Thorun 2015), das aber insofern etwas „zahnlos" wirkt, als es auf Sanktionsdrohungen verzichtet und somit den Staat zu einem schwachen Mitspieler im Konzert der gesellschaftlichen Akteure macht.

Übertragen auf die großen Provider der Echtzeitgesellschaft und das Problem des Missbrauchs privater Daten könnte dieses mehrstufige Modell wie in Abbildung 6 aussehen.

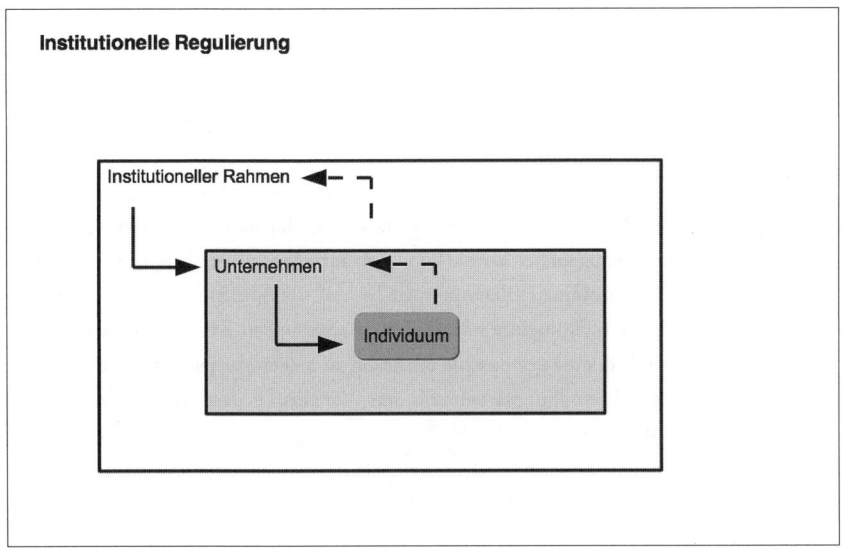

Abbildung 6: Institutionelle Regulierung

Die Staaten (bzw. die Staatengemeinschaft) schaffen einen institutionellen Rahmen, der Datenmissbrauch mit drakonischen Strafen belegt, zugleich aber eine milde Behandlung anbietet, wenn das Unternehmen interne Regelungen erlässt und durchsetzt, welche die Mitarbeiter dazu anhalten, höchste Datenschutz-Standards einzuhalten. So wäre es dann im eigenen Interesse eines jeden Unternehmens, seinen Kunden und Nutzern ein hohes Datenschutzniveau zu garantieren.

Denn auch der drohende Imageverlust eines Unternehmens, das durch unseriöse Praktiken auffällt, kann als Sanktionsdrohung wirken. Die Bereitschaft der Nutzer, großen Datendienstleistern ihre Daten zur Verfügung zu stellen sowie deren Empfehlungen zu folgen, basiert auf dem Vertrauen, dass diese Daten nicht missbräuchlich verwendet werden (vgl. Kap. 2). Somit wird Daten-Missbrauch auch für die Provider zu einem Risiko: Denn die Daten sind der Rohstoff der Echtzeitgesellschaft; aber das Vertrauen ist das Kapital, das allzu leicht verspielt werden kann, wenn man der Versuchung erliegt, durch unseriöse Praktiken kurzfristige Gewinne zu erzielen.

7. Fazit

Der unaufhaltsame Trend der Digitalisierung und Automatisierung nahezu aller Bereiche des Arbeitens und Lebens konfrontiert uns immer stärker mit autonomen technischen Systemen, die uns als Interaktionspartner gegenübertreten und unser Verhalten (mit-)steuern. In der Echtzeitgesellschaft beschleunigt sich diese Entwicklung ein weiteres Mal, weil es nunmehr möglich ist, durch Verarbeitung großer Datenmengen in Echtzeit auch komplexe sozio-technische Systeme (operativ) zu steuern.

Empirische Studien, die den aktuellen Stand der Interaktion von Mensch und autonomer Technik (also noch vor der Echtzeitgesellschaft) beleuchten, zeichnen ein Bild, das wenig Anlass zur Beunruhigung gibt. Offenbar haben sowohl Piloten als auch Autofahrer überwiegend ein großes Vertrauen in die Zusammenarbeit mit autonomer Technik und spüren keinen Kontrollverlust.

Inwiefern es möglich ist, komplexe sozio-technische Systeme nicht nur operativ zu steuern, sondern auch politisch in eine gewünschte Richtung zu lenken, ist eine offene Frage, deren Beantwortung noch viel Forschungsarbeit erfordert. Vor allem bedarf es eines soziologischen Modells sozio-technischer Systeme, das die Wechselwirkungen unterschiedlicher Handlungs- und Strukturebenen beschreibt und so dazu dienen kann, die Wirkungen steuernder Eingriffe in komplexe Systeme wissenschaftlich zu untersuchen.

Literaturverzeichnis

BACON, F. (1982): Neu-Atlantis (1624). Stuttgart: Reclam.

BELL, D. (1985): Die nachindustrielle Gesellschaft (1973). Frankfurt/M.: Campus.

BORTZ, J. (2005): Statistik für Human- und Sozialwissenschaftler (6. Aufl.). Heidelberg: Springer.

DELISLE, MARC/ KIEHL, M./ WEYER, J. (2016): Big Data – Chancen und Risiken in soziologischer Perspektive. In: Gerd Faber/Max Scheck (Hg.), Big Data in der Verkehrsluftfahrt (Proceedings des 18. FHP-Symposiums), in Vorb.

EAGLE, N./PENTLAND, A. (2006): Reality mining: sensing complex social systems. In: Personal and ubiquitous computing 10 (4): 255–268.

ESSER, H. (1993): Soziologie. Allgemeine Grundlagen. Frankfurt/M.: Campus.

FINK, R. D. (2014): Vertrauen in autonome Technik. Modellierung und Simulation von Mensch-Maschine-Interaktion in experimentell-soziologischer Perspektive (PhD Dissertation). Dortmund: TU Dortmund, http://hdl.handle.net/2003/33469.

FINK, R. D./ WEYER, J. (2011): Autonome Technik als Herausforderung der soziologischen Handlungstheorie. In: Zeitschrift für Soziologie 40 (2): 91–111, http://www.zfs-online.org/index.php/zfs/article/view/3061.

FLEISCH, E./ MATTERN, F. (Hg.) (2005): Das Internet der Dinge. Ubiquitous Computing und RFID in der Praxis: Visionen, Technologien, Anwendungen, Handlungsanleitungen. Berlin: Springer.

GINSBERG, J. ET AL. (2009): Detecting influenza epidemics using search engine query data. In: Nature 457: 1012–1014.

GRANDE, E. (2012): Governance-Forschung in der Governance-Falle?–Eine kritische Bestandsaufnahme. In: Politische Vierteljahresschrift 53 (4): 565–592.

HANEKOP, H./ WITTKE, V. (2010): Kollaboration der Prosumenten. In: Birgit Blättl-Mink/Kai-Uwe Hellmann (Hg.), Prosumer Revisited. Zur Aktualität einer Debatte. Wiesbaden: Springer, 96–113.

HIRSCH-KREINSEN, H. (2014): Wandel von Produktionsarbeit-" Industrie 4.0" (Soziologisches Arbeitspapier 38/2014). Dortmund: TU Dortmund, http://www.wiso.tu-dortmund.de/wiso/ts/de/forschung/veroeff/soz_arbeitspapiere/AP-SOZ-38.pdf.

KERSTING, K./ NATARAJAN, S. (2015): Statistical Relational Artificial Intelligence: From Distributions through Actions to Optimization. In: KI-Künstliche Intelligenz 29 (4): 363–368.

KURZ, C. (2011): Der Spion in der Hosentasche. In: Frankfurter Allgemeine FAZ.Net 21.01.2011 (http://www.faz.net/-gqz-xp77).

KURZ, C./ RIEGER, F. (2009): Stellungnahme des Chaos Computer Clubs zur Vorratsdatenspeicherung (1 BvR 256/08, 1 BvR 263/08, 1 BvR 586/08). http://www.ccc.de/vds/VDSfinal18.pdf.

LÄPPLE, D. (Hg.) (1985): Güterverkehr, Logistik und Umwelt. Analysen und Konzepte zum interregionalen und städtischen Verkehr. Berlin: edition sigma.

LAROSE, D. T./ LAROSE, C. D. (2015): Data mining and predictive analytics. John Wiley & Sons.

LATOUR, B. (1998): Über technische Vermittlung. Philosophie, Soziologie, Genealogie. In: Werner Rammert (Hg.), Technik und Sozialtheorie. Frankfurt/M.: Campus, 29–81.

LAZER, D. M. ET AL. (2014): The parable of Google Flu: Traps in big data analysis. In: Science 343 (14 March 2014): 1203–1205.

LÜBBE-WOLF, G. (2003): Die Durchsetzung moralischer Standards in einer globalisierten Wirtschaft. In: Heinrich von Pierer/Karl Homann/Gertrude Lübbe-Wolf (Hg.), Zwischen Profit und Moral - Für eine menschliche Wirtschaft. München: Hanser, 73–103.

LÜCKE, F. (2008): Car2Car-Kommunikation. In: Anja J. Lorenz/Johannes Weyer (Hg.), Fahrerassistenzsysteme und intelligente Verkehrssteuerung. Soziologische Analysen hochautomatisierter Verkehrssysteme (Soziologisches Arbeitspapier Nr. 21). Dortmund, 81–95.

LUHMANN, N. (1997): Die Gesellschaft der Gesellschaft. Frankfurt/M.: Suhrkamp.

MATTERN, F. (Hg.) (2003): Total vernetzt. Szenarien einer informatisierten Welt (7. Berliner Kolloquium der Gottlieb Daimler- und Karl Benz-Stiftung). Heidelberg: Springer.

MATTERN, F. (Hg.) (2007): Die Informatisierung des Alltags. Leben in smarten Umgebungen. Berlin: Springer.

MAYNTZ, R./ SCHARPF, F. W. (Hg.), 1995: Gesellschaftliche Selbstregelung und politische Steuerung. Frankfurt/M.: Campus.

McCUE, C. (2014): Data mining and predictive analysis: Intelligence gathering and crime analysis. Butterworth-Heinemann.

MITCHELL, T. M. (2009): Mining our reality. In: Science 326 (5960): 1644–1645.

MONSE, K./ WEYER, J. (2000): Produktionskonzepte und logistische Ketten in der Internet-Wirtschaft. Trends und Perspektiven (Gutachten im Auftrag des Büros für Technikfolgenabschätzung beim Deutschen Bundestag, Nov. 2000; veröffentlicht als TAB Hintergrundpapier Nr. 6, Dez. 2001).

PERROW, CH. (1987): Normale Katastrophen. Die unvermeidbaren Risiken der Großtechnik. Frankfurt/M.: Campus.

POPITZ, H., (1995): Epochen der Technikgeschichte. In: Heinrich Popitz (Hg.), Der Aufbruch zur Artifiziellen Gesellschaft. Zur Anthropologie der Technik. Tübingen: J.C.B. Mohr, 13–43.

RAMMERT, W. (1990): Telefon und Kommunikationskultur. Akzeptanz und Diffusion einer Technik im Vier-Länder-Vergleich. In: Kölner Zeitschrift für Soziologie und Sozialpsychologie 42: 20–40.

RAMMERT, W./ SCHULZ-SCHAEFFER, I. (Hg.) (2002): Können Maschinen handeln? Soziologische Beiträge zum Verhältnis von Mensch und Technik. Frankfurt/M.: Campus.

REEVES, B./ NASS, C.I. (1996): The media equation: How people treat computers, television, and new media like real people and places. Cambridge/Mass.: Cambridge University Press.

RESNICK, M. (1995): Turtles, Termites, and Traffic Jams. Explorations in Massively Parallel Microworlds (Complex Adaptive Systems). Cambridge/Mass.: MIT Press.

RIEGER, F. (2010): Der Mensch wird zum Datensatz. In: Frankfurter Allgemeine Zeitung 15.01.2010: 33.

ROCHLIN, G. I. (1997): Trapped in the net. The unanticipated consequences of computerization. Princeton: Princeton UP.

ROSA, H. (2005): Beschleunigung. Die Veränderung der Zeitstrukturen in der Moderne. Frankfurt/M.: Suhrkamp.

RUSSELL, M. A. (2013): Mining the Social Web: Data Mining Facebook, Twitter, LinkedIn, Google+, GitHub, and More (2nd Edition). O'Reilly Media, Inc.

SALGANIK, M. J./ DODDS, P. S./ WATTS, D. J. (2006): Experimental study of inequality and unpredictability in an artificial cultural market. In: Science 311 (5762): 854-856, http://www.sciencemag.org/content/311/5762/854.short.

SARTER, N. B./ WOODS, D. D. (2000): Team Play with a Powerful and Independent Agent: A Full-Mission Simulation Study. In: Human Factors 42: 309–402, http://hfs.sagepub.com/content/42/3/390.short.

SCHIVELBUSCH, W. (1977): Geschichte der Eisenbahnreise: zur Industrialisierung von Raum und Zeit im 19. Jahrhundert. München: Hanser.

SHARMA, N./ SINGH, S. P. (2015): Reality Mining and Proposal for Real Time Approach towards Road Traffic Management. In: International Journal of Advanced Research in Computer Science 6 (2).

SPINDLER, G./ THORUN, C. (2015): Eckpunkte einer digitalen Ordnungspolitik. Politikempfehlungen zur Verbesserung der Rahmenbedingungen für eine effektive Ko-Regulierung in der Informationsgesellschaft. Berlin: ConPolicy GmbH. Institut für Verbraucherpolitik, http://www.conpolicy.de/data/user_upload/Pdf_von_Publikationen/Eckpunkte_einer_digitalen_Ordnungspolitik.pdf.

STURMA, D. (2001): Robotik und menschliches Handeln. In: Thomas Christaller (Hg.), Robotik. Perspektiven für menschliches Handeln in der zukünftigen Gesellschaft. Berlin: Springer, 111–134.

TA-SWISS (2003): Auf dem Weg zur intelligenten Mobilität. Kurzfassung des TA-Arbeitsdokumentes „Das vernetzte Fahrzeug". Bern (TA 43A/2003), http://www.ta-swiss.ch/www-remain/reports_archive/publications/2003/KF_Verkehrstelematik_d.pdf.

TURKLE, S. (2011): Die E-Mail erledigt uns. In: Brand Eins (04): 39–42, http://www.brandeins.de/archiv/magazin/foerdern/artikel/die-e-mail-erledigt-uns.html.

TURKLE, S. ET AL. (2006): Relational Artifacts with Children and Elders: The Complexities of Cybercompanionship. In: Connection Science 18: 347-361, http://web.mit.edu/sturkle/www/pdfsforstwebpage/ST_Relational Artifacts.pdf.

VAN DAM, K. H./ NIKOLIC, I./ LUKSZO, Z. (Hg.) (2013): Agent-based modelling of socio-technical systems. Dordrecht: Springer.

WEYER, J. (2006): Modes of Governance of Hybrid Systems. The Mid-Air Collision at Ueberlingen and the Impact of Smart Technology. In: Science, Technology & Innovation Studies 2: 127–149, http://www.sti-studies.de/ojs/index.php/sti/article/view/95/76.

WEYER, J. (2009): Die Kooperation menschlicher Akteure und nicht-menschlicher Agenten. Ansatzpunkte einer Soziologie hybrider Systeme. In: Wilhelm Berger/Günter Getzinger (Hg.), Das Tätigsein der Dinge. Beiträge zur Handlungsträgerschaft von Technik. München: Profil Verlag, 61–92.

WEYER, J. (2014): Einleitung: Netzwerke in der mobilen Echtzeitgesellschaft. In: ders. (Hg.), Soziale Netzwerke. Konzepte und Methoden der sozialwissenschaftlichen Netzwerkforschung (3. Aufl.). München: Oldenbourg, 3–37.

WEYER, J. (2015): Can pilots still fly? Role distribution and hybrid interaction in advanced automated aircraft (Soziologisches Arbeitspapier 45/2015). Dortmund: TU Dortmund.

WEYER, J./ ADELT, F./ HOFFMANN, S. (2015a): Governance of complex systems. A multi-level model (Soziologisches Arbeitspapier 42/2015). Dortmund: TU Dortmund.

WEYER, J. ET AL. (2016): Simulation of the governance of complex systems (SimCo). Basic concepts and preliminary scenarios. In: Journal of Artificial Societies and Social Simulation (submitted).

WEYER, J./ FINK, R. D./ ADELT, F. (2015b): Human-machine cooperation in smart cars. An empirical investigation of the loss-of-control thesis. In: Safety Science 72: 199–208, dx.doi.org/10.1016/j.ssci.2014.09.004 (online since Oct. 2, 2014).

WILLKE, H. (1998): Organisierte Wissensarbeit. In: Zeitschrift für Soziologie 27: 161–177.

WILLKE, H (2007): Smart Governance. Governing the Global Knowledge Society. Frankfurt/M.: Campus.

WOOLDRIDGE, M./JENNINGS, N. J. (1995): Intelligent agents: Theory and practice. In: Knowledge Engineering Review 10 (2): 115–152.

ZILLIEN, N./ FRÖHLICH, G./ DÖTSCH, M. (2014): Digitale Selbstvermessung als Verdinglichung des Körpers. In: Kornelia Hahn/Martin Stempfhuber (Hg.), Präsenzen 2.0: Körperinszenierung in Medienkulturen. Wiesbaden: Springer, 77–94.

Industrie 4.0 – Ein spannendes Zusammenspiel von Technik und Recht[1]

Sven Elter

Abstract: *Die vierte industrielle Revolution bringt zahlreiche technologische, wirtschaftliche und gesellschaftliche Umbrüche mit sich. Auch das Recht bleibt hiervon nicht unberührt. Technikrecht als Verschlagwortung befasst sich mit den kommenden Herausforderungen, um einen Beitrag dazu zu leisten, innovative Technologien in der Gesellschaft zu verankern.*

The fourth industrial revolution
Abstract: *The fourth industrial revolution is accompanied by many technological, economic and social changes. Even law is affected by these innovative and disruptive technologies. „Technology Law" deals with those issues in order to dissolve potential legal barriers. It aims at identifying open legal issues and providing practical legal solutions to enable a smooth introduction of disruptive technology.*

---

1 Anmerkung der Herausgeber: Aufgrund der Novität der Thematik haben wir uns entschlossen, die umfangreichen Querverweise und Belegstellen zu den juristischen Quellen im Artikel zu belassen. Zur Verbesserung der Lesbarkeit haben wir diese jedoch in die Fußnoten verlagert, in denen unsere juristisch versierten und interessierten Leserinnen und Leser fündig werden können. Für einen grundlegenden „Erstkontakt" mit den rechtlichen Herausforderungen einer technisierten Lebenswelt hingegen ist eine Lektüre des reinen Fließtextes ausreichend.

1. Einführung

Industrie und Technik werden durch die immer mehr um sich greifende Digitalisierung, durch Automatisierung und Vernetzung geprägt. Hinter dem Konzept „Industrie 4.0" als einer besonders anspruchsvollen Ausprägung des „Internet der Dinge" verbirgt sich eine Vielzahl von technischen, organisatorischen und wirtschaftlichen Innovationen, die in ihrem Ausmaß und in ihren Wirkungen bislang kaum abgeschätzt werden können. Nicht umsonst steht „Industrie 4.0" in einer Reihe mit den durch die Dampfmaschine, die Elektrizität und den Computer bewirkten technischen, ökonomischen, aber eben auch gesellschaftlichen Revolutionen.

Vor allem Unternehmen stehen nun vor der Aufgabe, ihre neuen, auf die digitale Technik gestützten Herstellungsprozesse und Geschäftsmodelle an die neuen technologischen Möglichkeiten anzupassen und gleichzeitig sicherzustellen, dass ihr Betrieb und ihre Produkte weiterhin mit den geltenden rechtlichen Anforderungen im Einklang stehen. Nur wenige Unternehmen können sich eigens auf solche „Zukunftsfragen" spezialisierte Juristen leisten. Andererseits ist die Einhaltung rechtlicher Vorgaben, sprich juristische Compliance, eine zentrale Voraussetzung für die Implementierung neuartiger Technologien in den Herstellungsprozess und die Entwicklung und Vermarktung neuer Produkte. Die mit der Digitalisierung einhergehenden juristischen Herausforderungen führen zuweilen zu Unsicherheiten auf Seiten der Unternehmen, verhindern zuweilen unternehmerisches, innovatives Marktagieren und können schlimmstenfalls zu Wettbewerbsnachteilen, wie auch zu Standortnachteilen führen.

Ziel des vorliegenden Beitrages soll es sein, einzelne Fragestellungen anzureißen und einen Einblick in die durch die technischen Entwicklungen geprägte rechtswissenschaftliche Diskussion zu geben. Einen umfassenden „Rundum-Schlag" vermag dieser Aufsatz dagegen nicht zu leisten. Er soll sich in rechtlicher Hinsicht auf Fragestellungen des Umgangs mit Daten sowie der Verantwortlichkeit in einer vernetzten industriellen Welt begrenzen.

2. Industrie 4.0 – Ein Umbruch

Industrie 4.0 umschreibt die Vision eines intelligenten Netzwerkes aus Mensch, Maschine, Produktionsmittel und Fabrikation. Kennzeichnend für die vierte industrielle Revolution ist die Vernetzung jeglicher am Fertigungsprozess beteiligter Komponenten. Bauteile kommunizieren mit ihren jeweiligen Produktionsstätten, Maschinen und gesamte Produktionsanlagen modellieren sich selbständig, um die Bearbeitung des einzelnen Werkstückes bestmöglich zu vollbringen. Aus der automatisierten Massenproduktion entwickelt sich nun die Möglichkeit, Produkte hoch individualisiert und „just in time" herzustellen. Durch die dynamische Veränderung der Produktionsumgebung können vielmehr innerhalb weniger Sekunden an allen Produktionsstationen jegliche Produkte individuell an den Kundenwunsch angepasst werden. Somit ist nicht nur das Werkstück einer permanenten Veränderung bis hin zum Endprodukt unterworfen, sondern sämtliche Fertigungsstationen verändern sich mit, sodass die *smart factory* eine dynamische Fertigungsumgebung für eine unbestimmbare Vielzahl von Konfigurationen des Endproduktes darstellt.[2] Damit einhergehend zeigt sich ein grundsätzlicher Paradigmenwandel von einer zentralen Fertigungssteuerung, bei der die Arbeitsschritte in zeitlicher und räumlicher Dimension zentral gesteuert werden, hin zu einer dezentral organisierten Prozessstruktur, in der die einzelnen Werkstücke ihre Fertigungsumgebung steuern und ihre eigene Arbeitsumgebung erschaffen.[3] Dies führt nicht nur zu technischen und wirtschaftlichen, sondern auch zu gesellschaftlichen Umbrüchen, da sich die Arbeit, als einer der zentralen Teile des gesellschaftlichen Lebens, verändern wird.

3. Was ist eigentlich Technikrecht und wie verhält sich Technik zu Recht?

Ausgehend von dem industriellen Umbruch und den prognostizierten Veränderungen in der Wirtschaftswelt drängt sich die Frage des Verhältnisses von technischen Fortschritt und Recht auf. Begrifflich wird oftmals von der Disziplin des Technikrechts gesprochen. Nur, was ist eigentlich Technikrecht und behindert das Recht den technischen Fortschritt?

Technikrecht stellt eine rechtliche Querschnittsmaterie[4] dar. Rechtlich einschlägige Normierungen und Herausforderungen finden sich in allen Teilrechtsgebieten und auf allen Ebenen des Rechts. Innovative industrielle Anlagen und Produkte müssen allen einschlägigen rechtlichen Anforderungen gerecht werden, um Risiken weit möglichst zu vermeiden. Technikrecht verschlagwortet im Ergebnis nur die rechtliche Compliance eines Produktes oder eines Produktionsprozesses in der vernetzten Industrie 4.0- Welt.

Technischer Fortschritt ist angesichts seiner Dynamik mit großer Veränderungskraft[5] verbunden. Häufig wird das Recht in diesem Zusammenhang in einer technikbegrenzenden beziehungsweise verlangsamenden/lähmenden Funktion wahrgenommen. Recht kann hingegen auch die gesellschaftliche Akzeptanz neuer Technik vorantreiben und Impulse sowie Anreize zur Verbesserung der technischen Sicherheit setzen. Nach hier vertretender Ansicht stehen Recht und technische Neuerungen in einem synallagmatischen Verhältnis, womit gegenseitige

---

2   BMBF 2013, S. 15ff.
3   Ebd., S. 4ff.
4   Vgl. hierzu Ernsthaler et. al 2012.
5   Siehe hierzu insbesondere die Ausführungen, ebd., S. 3f.

Abhängigkeit sowie beidseitiger Einfluss bestehen. Insofern kann die immer wieder getätigte pauschale Aussage, das Recht hinke der Technik hinterher, nicht aufrechterhalten werden.

Die juristische, technologische Begleitforschung, sprich die Disziplin des Technikrechts, ist darauf gerichtet, die rechtlichen Probleme, die sich im Rahmen der Entwicklung und des Einsatzes von technischen Innovationen ergeben, aufzuzeigen sowie konkrete Lösungsvorschläge zu entwickeln. Eine vorherige Auseinandersetzung mit Risiken und die daraus abgeleitete Lösungsvorschläge wirken Misstrauen bei Anwendern und Verbrauchern entgegen, was sich wiederum positiv auf die gesellschaftliche Akzeptanz auswirkt.

4. Die rechtliche Stellung von Daten in der Industrie 4.0

Grundlage jeder Applikation der Industrie 4.0 sind Daten. Ohne den Austausch von Informationen können Industrie 4.0- Applikationen nicht entstehen. Jede Maschine ist auf Daten angewiesen und generiert als solche weitere Daten, die wiederum Grundlage für weitere Industrie 4.0- Dienste sind. Schon ab dem Zeitpunkt des Anfalls der Daten entstehen zahlreiche Herausforderungen.

Grundsätzlich sind Daten auf unterschiedliche Arten geschützt oder schutzfähig. So unterfallen beispielsweise Computerprogramme und Datenbanken dem Schutz des Urheberrechts und sind, zumindest im amerikanischen Rechtsraum, in engen Grenzen, auch patentierfähig.[6] Ebenso ist zu unterscheiden, welche Zielrichtung der Schutz der Daten oder datenbasierten Funktionen innehat. Geschützt werden mittels der Regelungen des Urheberrechts die ideellen als auch materiellen Interessen des Urhebers[7] und mittels der Regelungen des Patentrechts die Befugnisse der Rechteinhaber[8]. Ebenso verhält es sich mit dem Schutz von Betriebs- und Geschäftsgeheimnissen. Durch diesen Schutz wird der „Berechtigte" vor dem Zugriff Dritter und der Verwertung von geheimhaltungsbedürftigen Informationen, sprich Daten geschützt.[9] Im Gegensatz dazu zielt das Datenschutzrecht bei der Verarbeitung von personenbezogenen Daten auf einen anderen Schutz ab. Im Datenschutzrecht wird das Datensubjekt, d. h. der Betroffene und nicht der Erhebende oder Verarbeitende geschützt.

Den vorgenommenen Klassifikationen der Schutzregime ist das Grundprinzip bei der Evaluation des Anwendungsbereiches gleich. Sowohl das Urheberrecht, Patentrecht, Wettbewerbsrecht,

---

6 Vgl. zur Diskussion der Patentierbarkeit von Software: *Leupold/Glossner/Wiebe* 2013, Teil 3 Rn. 141ff.
7 *BeckOK UrhR/Ahlberg* 2017, UrhG Einführung Rn. 12–13.
8 *Benkhard/Bacher* 2015, § 1 PatG Rn. 1–1c.
9 *Heermann/Schlingloff/Brammsen* 2014, § 17 UWG Rn 5; Zech, GRUR 2015, 1151.

wie auch der Datenschutz knüpfen an ein bestimmtes Interesse an, die die Schutzbedürftigkeit von Daten bzw. ihrer „gespeicherten" Informationen festlegt. Während die originären Schutzregime des geistigen Eigentums die Schöpfung eines Werkes, einer Funktion, einer Marke, o. ä. schützen[10], knüpft das Wettbewerbsrecht seinen Schutz hinsichtlich eines Datums an ein Geheimhaltungsinteresse an.[11] Der Anwendungsbereich des Datenschutzrechts ist eröffnet, sofern ein Personenbezug des Datums vorliegt.[12] Alle diese Schutzregime knüpfen ihren Schutz entsprechend an ein von der Rechtsordnung anerkanntes schutzfähiges Interesse als bestimmendes Kriterium des Datums an[13].

Sofern ein Datum hingegen nicht personenbezogen ist (ein Eigentumsrecht an einem Datum existiert in Ermangelung der Körperlichkeit eines Datums und damit der fehlenden Sacheigenschaft nicht)[14] und sonst kein schutzwürdiges Interesse an dem Datum existiert, stellt sich die Frage, ob Rechte an einem solchen Datum bestehen können und wer verfügungsberechtigt bezüglich dieser Daten ist? Eine gewisse Ausnahme findet sich bei Software, da diesbezüglich anerkannt ist, dass die für Sachen geltenden schuldrechtlichen Regeln auf Software entsprechend angewendet werden. Dabei wird die entsprechende Anwendung jeweils aus der Sachqualität des Datenträgers hergeleitet, auf dem die Software verkörpert ist.[15] Diese Konstruktion ist allerdings der tatsächlichen Handelseigenschaft von Software geschuldet und lässt sich nicht ohne weiteres auf ein einzelnes Datum übertragen.

Sofern die Verkörperung auf einem Datenträger das ausschlaggebende Argument der Eigentumsfähigkeit eines Datums wäre, so würde dieses Konzept bei der Nutzung von Cloudservices schnell an ihre Grenzen stoßen.[16] Die Daten sind bei dem Cloudanbieter auf seinen Servern verkörpert. Jedoch würde man sich schwer tun, dem Cloudanbieter per se ein Eigentumsrecht an den bei ihm gespeicherten Daten zugestehen zu wollen. Grundlage der weiteren Diskussion ist die Gemeinfreiheit eines Datums. Grundgedanke ist, dass ein einzelner Wert ebenso wie ein Ergebnis ist grundsätzlich nicht schutzfähig ist. In Konsequenz stellt sich die Frage, ob Zuordnungen geschaffen werden können oder sollen, die dem Bestreben hin zu einem Datenhandel gerecht werden.

Auf der einen Seite steht also die Gemeinfreiheit des Datums, was schlussendlich eine

---

10 *Dreier/Schulze/Schulze* 2015, § 2 UrhG Rn. 6–7.
11 *Heermann/Schlingloff/Brammsen* 2014, § 17 UWG Rn 19.
12 *BeckOK DatenSR/Schild* 2017, BDSG § 3 Rn. 1b.
13 Zu den Schutzregimen und den derzeitigen Diskussionen gibt Fezer einen guten Überblick: *Fezer,* MMR 2017, 3.
14 *Boehm,* ZEuP 2016, S. 358, 381.
15 *Taeger/Pohle/Heydn,* 2017, Teil 2, Vermarktung von Software, Rn. 23ff.
16 *Böhm,* ZEuP 2016, S. 358, 383.

Ausprägung der Informationsfreiheit ist.[17] Auf der anderen Seite steht das Bedürfnis durch Daten eine Wertschöpfung zu betreiben und diese handelsfähig zu machen.[18] Eine zufriedenstellende Lösung für dieses Dilemma besteht nicht. Vermehrt wird vorgeschlagen, dass ähnlich den urheber- oder patentrechtlichen Lizenzgestaltungen, Lizenzvereinbarungen auch für Daten getroffen werden. Vertragliche Vereinbarungen über Nutzungen oder auch Verwertungen von Daten sind ohne weiteres möglich.[19] Im Unterschied zum Urheber- und Patentrecht, die aufgrund ihrer gesetzlichen Ausgestaltung umfassenden Schutz gegenüber jedermann entfalten, existiert ein solcher Schutz bei Daten gerade nicht, sodass nur eine *inter partes* Wirkung eintreten kann.[20] Grundsätzlich empfiehlt es sich aber, Datennutzungen vertraglich zu gestalten und sonstige Nutzungen und Befugnisse zu regeln. Ein absoluter Schutz mit Wirkung gegenüber Dritten besteht hierdurch aber nicht.

Erfolgt hingegen der Umgang mit personenbezogenen Daten ist das Datenschutzrecht anwendbar. Der Begriff der personenbezogenen Daten meint jede Information über persönliche oder sachliche Verhältnisse einer bestimmten oder bestimmbaren natürlichen Person.[21] Die Begriffe Erheben, Speichern und Nutzen decken in ihrer Summe fast jede denkbare Handlung mit personenbezogenen Daten ab.[22]

Eine Spezialregelung für autonome Systeme der Industrie 4.0 existiert ebenso wenig, wie sich eine allgemeingültige Aussage über die Anwendbarkeit der allgemeinen und bereichsspezifischen Rechtsgrundlagen treffen lässt.[23] Allgemein gesagt, umfasst das Datenschutzrecht jedoch bestimmte Dogmen, die auch in einer vernetzten Welt zu beachten sind. Konkret formuliert das Datenschutzrecht ein sogenanntes Verbot mit Erlaubnisvorbehalt. Die Erhebung, Verarbeitung oder Nutzung personenbezogener Daten ist grundsätzlich nicht zulässig (Verbot), es sei denn, dass entweder eine Einwilligung vorliegt oder ein gesetzlicher Tatbestand dies erlaubt oder anordnet (Erlaubnisvorbehalt)[24]. Damit korrespondierend gelten insbesondere durch die Vollharmonisierung des Datenschutzrechts durch die Datenschutzgrundverordnung u. a. der Grundsatz der Datensparsamkeit, der Grundsatz der Zweckbindung, der Erforderlichkeit, der Transparenz, zukünftig auch

---

17 BGHZ S. 181, 328 = NJW 2009, 2888 – www.spickmich.de; Zech, GRUR 2015, 1151, 1154.

18 *Zech,* GRUR 2015, S. 1151.

19 *Böhm,* ZEuP 2016, S. 358, 383.

20 *Böhm,* ZEuP 2016, S. 358, 385.

21 *Simitis/Dammann* 2014, § 3 Rn. 3ff.

22 Zu den einzelnen tatbestandlichen Handlungen: Simitis/*Sokol/Scholz* 2014, § 4 Rn. 3.

23 Das Datenschutzrecht ist durch eine Vielzahl von bereichsspezifischen Regelungen geprägt. Das BDSG greift nur subsidiär. Ebenfalls wird durch die Datenschutzgrundverordnung eine weitergehende Harmonisierung des Datenschutzrechts seitens der Europäischen Union forciert.

24 *Simitis/Sokol/Scholz* 2014, § 4 Rn. 3f.

ein Recht auf Vergessen, ebenso wie der Grundsatz der Richtigkeit, Integrität und Vertraulichkeit.[25]

Die datenschutzrechtlichen Normen stellen bei Industrie 4.0-Anwendungen keine zwingend unüberwindbaren Anforderungen auf. Sie verhindern nicht den Einsatz autonomer Systeme, könnten ihn aber unter Umständen erschweren, da je nach Ausprägung der Anwendung, weitreichende Anpassungen an der gesamten Anwendung und ihrer Anwendungsumgebung notwendig sein werden.

Da eine Vielzahl autonomer Systeme nur bzw. auf Grundlage der Übermittlung, Erhebung oder Nutzung personenbezogener Daten im Sinne des Datenschutzrechtes funktioniert, wird jeweils umfangreich zu prüfen sein, ob und wie der Umgang mit personenbezogenen Daten rechtskonform zu gestalten ist. Daneben gilt es stets die sich weiterentwickelnden Anforderungen an die Datensicherheit zu beachten.[26]

5. Verantwortlichkeit in der Industrie 4.0

Verantwortlichkeit ist eines der zentralen Elemente der Diskussion um Industrie 4.0- Applikationen. Was passiert, wenn eigenverantwortlich handelnde Maschinen schädigende Ereignisse hervorrufen? Wer ist hierfür zur Verantwortung zu ziehen? Ändert sich die Betrachtung eines potentiellen Haftungsfalls, wenn die Maschine bei dem Betreiber selbständig eigene Verhaltensweisen erlernt? Um von diesen, vielleicht in Teilen etwas futuristisch anmutenden Fragen wegzugehen, muss die Frage gestellt werden, wann eine Maschine der Industrie 4.0 in ihrer jetzigen Form eigentlich als sicher beschrieben werden kann?

Im Zivilrecht stellt sich hierbei eine Reihe von Fragen, deren Beantwortung erhebliche Auswirkungen auf die rechtliche Bewertung von Industrie 4.0 – Applikationen haben. Da insbesondere Fragen der erforderlichen Sorgfaltsmaßstäbe kaum gesetzlich ausgestaltet sind, sondern von der Rechtsprechung bzw. vom rechtswissenschaftlichen Schrifttum festgelegt und diskutiert werden, existieren Grauzonen, innerhalb welcher sich rechtliche Fragen nicht sicher beantworten lassen. In diesen Fällen ist es für Hersteller und Entwickler wichtig, sich über mögliche Gefahren und haftungsauslösende Konstellationen zu informieren und dies auch zu dokumentieren, um im Falle eines Schadens nachweisen zu können, sich schon im Vorfeld möglicher Schadensfälle angemessen, d.h. nach dem jeweiligen Stand der Technik, mit den Gefahren und den Möglichkeiten ihrer Verhütung, auseinander gesetzt zu haben.

---

25 BeckOK DatenSR/*Schantz* 2017, DS-GVO Art. 5 Rn. 1ff.
26 BeckOK DatenSR/*Karg* 2017, BDSG § 9 Rn. 37ff.

Zivilrechtlich unterschieden wird zwischen einer vertraglichen Haftung und der außervertraglichen Haftung. Während die vertragliche Haftung an die tatsächlich geschuldeten, größtenteils vertraglich vereinbarten Pflichten anknüpft, werden mittels außervertraglicher Haftung sämtliche weitere Fälle abgedeckt, bei denen keine vertragliche Beziehung zwischen den Parteien besteht. Vertraglich kann sich ein entsprechender Schadensersatzanspruch aus einem Verstoß gegen eine unmittelbare Vertragspflicht ergeben. Hierunter fallen sämtliche Pflichten, die Vertragsinhalt geworden sind. Ebenso knüpfen sich Schadensersatzansprüche neben Verstößen gegen Hauptpflichten auch an Verletzungen von Nebenpflichten an. Nebenpflichten sind solche, die sich nicht auf die Erreichung des Vertragszweckes richten, sondern solche, die nach allgemeinen Kriterien darüber hinaus die Parteien schützen sollen.[27] Eine weitere und im Industrie 4.0-Kontext vermehrt diskutable Herausforderung ist das Vertretenmüssen. Zur Begründung einer vertraglichen Haftung bedarf es außerhalb einer Garantie eines Vertretenmüssens der Pflichtverletzung, d.h. dass eine schädigende Handlung, die kausal zum Eintritt des Schadens geführt hat, dem Schädiger individuell vorzuwerfen ist, was bei autonom agierenden Maschinen manchmal schwierig nachzuvollziehen sein wird.[28]

Im Rahmen der außervertraglichen Haftung knüpfen sich Ansprüche der deliktischen Produzentenhaftung an ein nachzuweisendes Verschulden,[29] wohingegen die Produkthaftung lediglich die Fehlerhaftigkeit des Produktes voraussetzt. Eines Verschuldensmomentes bedarf es im Rahmen der Produkthaftung nicht.[30]

Die verschuldensabhängige deliktische Haftung knüpft an die Verletzung eines normierten Rechtsgutes, wie Leben, Leib, Eigentum, etc.[31] an. Im industriellen Kontext wird die deliktische Haftung durch eine Konkretisierung allgemeiner Verkehrssicherungspflichten ausgefüllt.[32] Im Kern muss der Hersteller, der mit dem Inverkehrbringen eines fehlerhaften Produkts eine Gefahrenquelle schafft,[33] im Rahmen des technisch Möglichen und wirtschaftlich Zumutbaren dafür sorgen, dass seine Kunden, Benutzer des Produkts und sonstige Dritte nicht in ihren

---

27 Vgl. MüKoBGB/*Bachmann* 2016, BGB § 241 Rn. 46ff.

28 Vgl. MüKoBGB/*Grundmann* 2016, BGB § 276 Rn. 4f.

29 Förste/v. Westphalen/*Förste* 2012, §§ 19, 20 Rn. 1ff.

30 Ebd. Rn. 9ff.

31 Vgl. den Normtext des § 823 Abs. 1 BGB: „Wer vorsätzlich oder fahrlässig das Leben, den Körper, die Gesundheit, die Freiheit, das Eigentum oder ein sonstiges Recht eines anderen widerrechtlich verletzt, ist dem anderen zum Ersatz des daraus entstehenden Schadens verpflichtet".

32 BeckOK BGB/*Förster* 2016, BGB § 823 Rn. 663-668; vgl. auch RegE zum ProdHaftG, BT-Drs. 11/2447, S. 7f.

33 OLG Hamm NJW-RR 2011, 893 – Grillpaste; OLG Schleswig NJW-RR 2008, 691 – Geschirrspülmaschine; BeckOK BGB/*Förster* 2016, BGB § 823 Rn. 663-668.

geschützten Rechtsgütern beeinträchtigt werden.[34] Daneben begründet sich eine deliktische Haftung auch durch einen Verstoß gegen ein Schutzgesetz. Als Schutzgesetze werden Nomen verstanden, die zumindest auch dem individuellen Schutz des Geschädigten dienen.[35] Im Kontext fehlerhafter Produkte kommt eine Vielzahl von Spezialgesetzen zur Produktsicherheit in Betracht, welche auch dem individuellen Schutz dienen, sodass ein Schadensersatzanspruch auf sie mitgestützt werden kann.[36]

Im Unterschied zu den beiden Fällen der Produzentenhaftung knüpft die Produkthaftung an die Fehlerhaftigkeit des Produktes als solches an. Anknüpfungspunkt der Haftung ist allein das Inverkehrbringen eines fehlerhaften Produktes.[37] Der Kasuistik der Verkehrssicherungspflichten folgend besteht zu Gunsten des Herstellers die Möglichkeit einer Exkulpation, sofern er – verkürzt gesagt – nachweisen kann, dass für ihn der Fehler nach Stand der Technik nicht erkennbar oder vermeidbar war.

Die Rechtsfolgenseite bei den einzelnen Haftungsarten deckt sich im Wesentlichen. Bei jeder Form der Haftung folgt ein Anspruch auf Ersatz des entstandenen Schadens. Lediglich die vertragliche Haftung sieht hierbei noch vorrangige Rechtsfolgen vor, sodass je nach Möglichkeit vor der Geltendmachung von Schadensersatz andere Mittel, wie die Nacherfüllung oder Minderung des Kaufpreises, der Werkvergütung o. ä. ergriffen werden können und gegebenenfalls vorrangig ergriffen werden müssen. Der Ersatz des Schadens lässt sich in dieser Hinsicht derart definieren, dass der Geschädigte so gestellt werden muss, als wäre das schädigende Ereignis nicht eingetreten.[38] Im Zusammenhang mit der Haftung für fehlerhafte Produkte stellen sich die Fragen, wann ein Fehler überhaupt vorliegt und ob er erkennbar hätte vermieden werden können. Der Fehlerbegriff ist sicherheitsrechtlich orientiert und umfasst auch Risiken eines vorhersehbaren Fehlgebrauchs. Abgestellt wird nicht auf die Sicherheitserwartungen des Benutzers, sondern objektiv darauf, was die herrschende Verkehrsauffassung in sicherheitsrechtlicher Hinsicht für erforderlich hält.[39] Ausgenommen ist die Haftung für Entwicklungsrisiken.[40] Im

---

34 So BGHZ 179, 157 = NJW 2009, 1080 Rn. 19 – Pflegebetten; BGH NJW 2007, 762 Rn. 11 – Limonadenflasche III; BGHZ 104, 323 [326] = NJW 1988, 2611 – Limonadenflasche I; OLG Celle VersR 1978, 258 – Klapphocker; siehe hierzu auch die Anforderungen der Produktsicherheit bei erstmaligem Inverkehrbringen Schlucht, Der Maßstab der Sicherheit im Produktsicherheitsrecht, NZwZ 2015, 852; zum Anwendungsbereich Schucht in Klindt, Produktsicherheitsgesetz, § 1 ProdSG Rn. 6 m. w. V.; im Übrigen vgl. auch Lach/Polly, Produktsicherheitsgesetz. Leitfaden für Hersteller und Händler.

35 BeckOK BGB / *Förster* BGB § 823 Rn. 663-668.

36 BeckOK BGB / *Förster* 2016, BGB § 823 Rn. 663-668 m. w. V.

37 Ebd. Rn. 669.

38 Vgl. Normtext des § 249 BGB.

39 BGH, NJW 14, 2107; zust. *Oechsler,* NJW 2014, 2080.

40 BGH 129, 358; krit. *Foerster,* JZ 95, 1053; Jauernig/Teichmann, Anmerkungen zu den §§ 1–4 ProdHaftG, Rn. 138ff.

industriellen Kontext haben sich in Bezug auf die Sorgfaltsanforderungen, die ein Hersteller zu beachten hat, einige Fallgruppen herausgebildet, die es in der Praxis einfacher machen sollen, einen Fehler oder Verstoß gegen eine oder mehrere Sorgfaltsanforderungen zu erkennen und genauer zu klassifizieren.[41]

Um eine entsprechende Unsicherheit von vorherein zu vermeiden, stellt sich die als zentrale Frage, welche Maßstäbe an die Absicherung der einzelnen technischen Anordnungen zu stellen sind, um Haftungsrisiken weitestgehend zu vermeiden. Die Fahrlässigkeitsmaßstäbe des Zivilrechts sind nicht auf flexible und lernende Geräte ausgerichtet. Welche „Handlungen" eines Geräts auf den Benutzer, Hersteller oder sogar Entwickler zurückvollzogen werden können, wird in einem langen Prozess geklärt werden müssen. Vor entsprechenden Haftungsfällen können sich Produzenten nur durch umfassende Dokumentation des Entwicklungs- und Herstellungsprozesses schützen, durch die sie nachweisen können, alle vernünftigerweise zu prüfenden Gefahrenszenarien untersucht zu haben. In diesem Zusammenhang stellt sich außerdem die Frage, welche Überwachungspflichten – etwa durch die Installation einer Blackbox – zu erfüllen sind. Grundsätzlich fließen in die Bewertung die folgenden Erwägungen ein:

- Stand der Wissenschaft und Technik,
- Normierungen als Mindeststandards,
- (geweckte) Sicherheitserwartung,
- Die zu treffenden Maßnahmen finden ihre Grenze in der ökonomischen Zumutbarkeit des Sicherheitsaufwandes.

Es existieren in vielen Einsatzfeldern keine Normen, die speziell auf autonome Systeme abgestimmte Sorgfaltsmaßstäbe definieren. Auch spezifische Rechtsprechung liegt in vielen Bereichen noch nicht vor, sodass die Bewertungsmaßstäbe vielmehr in Abhängigkeit von der technischen Entwicklung und dem gesellschaftlichen Risikoempfinden einer anhaltenden Veränderung unterliegen. Einzelfragen werden in der Regel nicht gesetzlich beantwortet, sondern durch die Rechtsprechung entschieden oder den Beteiligten zur Selbstregulierung (z. B. durch die Setzung von Standards wie DIN oder ISO) überlassen. Aber auch weite Teile der existierenden DIN- und anderen technischen Normen, die in rechtlicher Hinsicht keine Verwaltungsvorschriften oder Gesetze, sondern lediglich technische Empfehlungen von Normungsgremien darstellen,[42] sind kaum auf eine industrielle Vernetzung ausgelegt. Hier, wie auch in anderen Bereichen der Hochtechnologie, stellt sich immer wieder das Problem, dass die spezifische Rechts- und

---

41   Vgl. hierzu insbesondere MüKoBGB/*Wagner* BGB § 823 Rn. 809ff.
42   BGH, NJW 1998, 2814; MüKoBGB/*Wagner* 2016, BGB § 823 Rn. 447, 815.

Normsetzung in aller Regel den technischen Entwicklungen folgt. Im Ergebnis muss der gültige Sorgfaltsmaßstab durch Interessenabwägung festgelegt werden. Da es durchaus möglich ist, dass die angestellte sicherheitsorientierte Abwägung später seitens des Gerichts korrigiert wird, entsteht große Handlungsunsicherheit[43]. Zumal sich kritische Situationen mit Schadenseintritt oft im Nachhinein leichter und umfassender beurteilen lassen als im Vorfeld.

Hinzu kommt, dass speziell im Technikrecht ein Verhalten, das in der Vergangenheit noch als sorgfältig angesehen wurde, später bei Inverkehrbringen als fahrlässig betrachtet werden kann. Dies kann sich beispielsweise ergeben, wenn auf Grund eines inzwischen eingetretenen technischen Fortschritts neue Möglichkeiten zur Verhinderung von Gefahren existieren oder Gefahren bekannt geworden sind, die vorher nicht diskutiert wurden. Angesichts der schnellen technischen Fortentwicklung führt dies bei Industrie 4.0 – Applikationen unweigerlich zu Unsicherheiten bei der Bestimmung des Sorgfaltsmaßstabs.

Zudem sind im Bereich neuer Technologien die den Anwendern drohenden Gefahren unter Umständen mangels Praxiserfahrung überhaupt nicht abzusehen. Dabei ist allerdings zu beachten, dass der Umfang der Sorgfaltspflichten auch von den Vorkenntnissen der Nutzer und den jeweiligen konkreten Umständen abhängt.

Die vorgenannten Bewertungsunsicherheiten spielen auch bei der strafrechtlichen Produktverantwortung eine Rolle. Im Rahmen des Strafrechts kann grundsätzlich jeder zur Verantwortung gezogen werden, der eine Ursache gesetzt hat, die sich kausal zum Eintritt eines Schadens weiterentwickelt, der einem der im Strafgesetzbuch beschriebenen Tatbestände entspricht. Eine Anwendung auf Betreiber von Industrie 4.0 – Applikationen ist nicht ausgeschlossen.

Eine Einschränkung ergibt sich insoweit, dass im Gegensatz zum amerikanischen Recht nur natürliche Personen, d.h. keine Unternehmen (juristische Personen) zur Verantwortung gezogen werden können.[44] Als Adressaten einer strafrechtlichen Haftung kommen sowohl Entwickler und Hersteller schadensträchtiger autonomer Systeme als auch Programmierer oder Verkäufer als natürliche Personen in Frage. Während Anknüpfungspunkt einer Strafbarkeit der Vorgesetzten über ein Organisationsverschulden ermöglicht wird und dieses sich aus Verstößen gegen obliegende Sorgfaltspflichten ableitet, bspw. mangelnde Kontrolle, Überprüfungen, Einweisungen, o. ä., knüpft die Verantwortlichkeit bei den Entwicklern an einen schädigenden Verstoß an.[45] Zwar flammt immer wieder in der rechtlichen Diskussion der Gedanke auf, dass ab einem bestimmten Autonomiegrad auch die Maschine selbst zur

---

43   Zum Maßstab der Abwägung: BGH, Urt. v. 19.04.1991 – V ZR 349/89 = BGHZ 114, 273, NJW 1991, 2021.
44   Rotsch/*Hilgendorf* 2015, § 10 Rn. 15.
45   Rotsch/*Dannecker* 2015, § 5 Rn. 1ff.; Rotsch/*Hilgendorf* 2015, § 4 Rn. 2ff.

Verantwortung gezogen werden kann und soll, jedoch sind diese Gedankengänge noch rein theoretischer Natur, sodass es bei der Verantwortlichkeit einer natürlichen Person, wenngleich diese nur im Hintergrund agiert, bleibt.[46]

In aller Regel entfällt die strafrechtliche Verantwortung, wenn alles nach dem Stand der Technik Mögliche getan wurde, um einen zum Schaden führenden Fehler auszuschließen.[47] Regelmäßig werden sich Hersteller, Entwickler und Anwender auf den Rechtfertigungsgrund des „erlaubten Risikos" stützen können, jedenfalls in Fällen, in denen Produkte erfolgreich in den Markt eingeführt wurden und allgemein gesellschaftlich anerkannt sind.

6. Resümee

In der Diskussion um neue Techniken zeigen sich viele alte und neue Herausforderungen, die es praxistauglich zu bewältigen gilt. Wie schon diese zwei aufgeworfenen und herausfordernden Komplexe verdeutlichen, bestehen noch einige Herausforderungen, um Rechtssicherheit für Anwendungen der Industrie 4.0 zu schaffen. Unlösbar sind diese Aufgabenstellungen jedoch nicht. Nicht nur die technische Entwicklung strebt voran und unterliegt dynamischen Veränderungen. Auch die rechtswissenschaftliche Diskussion über jene Entwicklungen befindet sich in stetem Fluss.

Das Ziel soll sein, sowohl technische und rechtliche Lösungen auf den Weg zu bringen, um Innovationen zu fördern. Hierzu bedarf es eines offenen interdisziplinären Austausches, um praxistaugliche Lösungen zu entwickeln.

Die Aufgabe des Technikrechts wird dabei sein, im Rahmen eines ganzheitlichen Ansatzes frühzeitig rechtliche Stolpersteine zu erkennen und den technologischen Weg, vielleicht manchmal auch kritisch, zu begleiten.

---

46 Rotsch/*Rotsch* 2015, § 2 Rn. 9.
47 Rotsch/*Hilgendorf* 2015, § 10 Rn. 33f.

Literaturverzeichnis

AHLBERG, H./GÖTTING, H.-P. [Hrsg.] (2017): Beck'scher Online-Kommentar UrhG, München: C. H. Beck Verlag, zitiert als BeckOK UrhG/*Bearbeiter* (2017).

BAMBERGER, G./ROTH, H. [Hrsg.] (2016): Beck'scher Online-Kommentar BGB, München: C. H. Beck Verlag, zitiert als BeckOK BGB/*Bearbeiter* (2016).

BENKARD, G. [Hrsg.] (2015), Beck'scher Kurzkommentar Patentgesetz, München: C. H. Beck Verlag, zitiert als Benkhard/*Bearbeiter* (2015).

BOEHM, F. (2016), Herausforderungen von Cloud Computing-Verträgen: Vertragstypologische Einordnung, Haftung und Eigentum an Daten. In: *ZEuP 2016, S. 358.*

Bundesministerium für Bildung und Forschung [Hrsg.] (2013): Zukunftsbild „Industrie 4.0", Stand 2013, zuletzt abgerufen am 18.06.2017 unter: *http://www.bmbf.de/pubRD/Zukunftsbild_Industrie_40.pdf*; zitiert als BMBF (2013).

DREIER, T./SCHULZE, G. [Hrsg.] (2015): Urheberrechtsgesetz. Urheberrechtswahrnehmungsgesetz. Kunsturhebergesetz. Kommentar, München: C. H. Beck Verlag, zitiert als Dreier/Schulze/*Bearbeiter* (2015).

ENSTHALER, J./GESMANN-NUISSL, D./MÜLLER, S. (2012): Technikrecht – Rechtliche Grundlagen des Technologiemanagements, Berlin: Springer Verlag.

FEZER, K-H. (2017), Dateneigentum. Theorie des immaterialgüterrechtlichen Eigentums an verhaltensgenerierten Personendaten der Nutzer als Datenproduzenten, in: MMR 2017, 3.

FÖRSTE, U./GRAF V. WESTPHALEN, F. [Hrsg.] (2012): Produkthaftungshandbuch, München: C. H. Beck Verlag, zitiert als: Förste/v. Westphalen/*Bearbeiter* (2012).

HEERMANN, P. W./SCHLINGLOFF, J. [Hrsg.] (2014), Münchener Kommentar zum Lauterkeitsrecht, München: C. H. Beck Verlag, zitiert als Heermann/Schlingloff/*Bearbeiter* (2014).

KLINDT, T. [Hrsg.] (2015): Produktsicherheitsgesetz ProdSG: Kommentar, München: C. H. Beck, zitiert als Klindt/*Bearbeiter* (2015).

LACH, S./POLLY, S. (2015): Produktsicherheitsgesetz. Leitfaden für Hersteller und Händler, Wiesbaden: Gabler Verlag.

LEUPOLD, A./GLOSSNER, S. [Hrsg.] (2013): Münchener Anwaltshandbuch IT-Recht, München: C. H. Beck Verlag, zitiert als Leupold/Glossner/*Bearbeiter* (2013).

ROTSCH, T. /Hrsg.] (2015): Criminal Compliance, Baden-Baden: Nomos Verlag,

SÄCKER, F. J./RIXECKER, R. /Hrsg.] (2016): Münchener Kommentar zum Bürgerlichen Gesetzbuch: BGB, München: C. H. Beck, zitiert als MüKoBGB/*Bearbeiter* (2016).

SCHLUCHT, C. (2015), Der Maßstab der Sicherheit im Produktsicherheitsrecht. In: *NZwZ 2015, 852.*

SIMITIS, S. [Hrsg.] (2014): Bundesdatenschutzgesetz, Baden-Baden: Nomos Verlag, zitiert als Simits/*Bearbeiter* (2014).

STÜRNER, R. [Hrsg.] (2015), Jauernig Bürgerliches Gesetzbuch Kommentar, München: C. H. Beck, zitiert als Jauernig/*Bearbeiter* (2015).

TAEGER, J./POHLE, J., B. [Hrsg.] (2017): Computerrechts-Handbuch, München: C. H. Beck Verlag, zitiert als Taeger/Pohle/*Bearbeiter* (2017)

WOLFF, A./BRINK, S. [Hrsg.] (2017), Beck'scher Onlinekommentar Datenschutzrecht, München: C. H. Beck Verlag, zitiert als BeckOK DatenSR/*Bearbeiter* (2017)

ZECH, H. (2015), „Industrie 4.0" – Rechtsrahmen für eine Datenwirtschaft im digitalen Binnenmarkt. In: *GRUR 2015, 1151*

Die wissenschaftlich-technische Moderne und die philosophische Ethik[1]

Ludwig Siep

Abstract: *Gegenstand des Beitrags ist die philosophische Betrachtung ethisch relevanter Folgen der naturwissenschaftlich-technischen Moderne. Nach einer vorbereitenden Klärung des dem Beitrag zugrundeliegenden Verständnisses von „Moderne" und „Ethik", werden einige der heute aktuellen wissenschaftlich-technischen Entwicklungen herausgehoben und zentrale ethische Herausforderungen diskutiert, die sich im Kontext von Kommunikations- und Verkehrstechnik sowie angesichts zunehmender biotechnologischer Eingriffsmöglichkeiten ergeben haben.*

The natural scientific and technological modernity and philosophical ethics
Abstract: *The aim of the following contribution is a philosophical analysis of some ethically relevant consequences caused by the natural scientific and technological modernity. After providing a preliminary clarification of the underlying conceptions of "modernity" and "ethics", the article puts its focus on innovations in communication technology and biotechnology highlighting some of the central ethical challenges going along with developments in these areas.*

---

1 Die Grundgedanken dieses Aufsatzes finden sich bereits in: Siep, Ludwig (2013): Die wissenschaftlich technische Moderne und ihre ethischen Folgen, in: L. Siep, Moral und Gottesbild. Münster, S. 371–384 sowie in: Siep, Ludwig (2003): Konkrete Ethik. Grundlagen der Natur- und Kulturethik. Frankfurt am Main.

Die heutige philosophische Ethik ist selber ein Produkt der Moderne. Als von der Religion, Theologie und Politik unabhängige wissenschaftliche Disziplin ist sie in der frühen Neuzeit entstanden, zusammen mit den mathematisch-experimentellen Naturwissenschaften. In der Gegenwart kommt ihr aber die Aufgabe zu, auch die Folgen der naturwissenschaftlich-technischen Zivilisation zu beurteilen. Nach einigen Begriffsbestimmungen zu „Moderne" und „Ethik" (I) gehe ich auf einige dieser Folgen ein (II). Welche grundsätzlichen Fragen sie vor allem für die Bioethik aufwerfen, beschäftigt mich im dritten Teil meines Beitrags (III).

1. Die Begriffe „Moderne" und „philosophische Ethik"

Ich verstehe „Moderne" im Folgenden in einem temporalen und qualitativen Sinne. Temporal soll mit ihr die Epoche vom 16. Jahrhundert bis heute gemeint sein. Qualitativ gehören zu ihr Prozesse der Ausdifferenzierung gesellschaftlicher Bereiche, vor allem die Trennung von Religion, Politik, Wissenschaft und Wirtschaft. Über den Grad der Trennung braucht hier nicht gesprochen zu werden, auch nicht über konträre Prozesse, also etwa die sog. Wiederkehr der Religionen in den öffentlichen Raum. Ich beschränke mich auf den wissenschaftlich-technischen Bereich. Wichtig sind in diesem Zusammenhang aber noch zwei weitere Eigenschaften der Moderne: die Pluralisierung der Weltanschauungen und die Subjektivierung im Sinne der Freisetzung der Individualrechte, heute vor allem in Gestalt der Menschenrechte. Für mein besonderes Thema, die wissenschaftlich-technische Moderne, sind drei Phasen wichtig:

1. Die Verbindung von Wissenschaft, Handwerk und Heilkunde im 16. und 17. Jahrhundert. Damit verknüpft ist die Gründung wissenschaftlicher Akademien zur Verbesserung der Naturbeherrschung und der Lebensumstände (z. B. die Royal Academy in England).

2. Die Industrialisierung, d. h. die Verbindung von Technik mit Produktion und Zirkulation (inkl. Transport und Kommunikation) im 19. Jahrhundert. Zu den Folgen gehört auch die maschinelle Prägung der Arbeits- und Lebenswelt.

3. Die Krise der Technikfolgen im 20. Jahrhundert, d. h. die Einsicht in negative Folgen der technischen Zivilisation – von den Fließbandfabriken über die Kriegstechnik bis zur Umweltkrise.

Unter „philosophischer Ethik" verstehe ich, wie gesagt, eine autonome Wissenschaft, die sowohl von den historischen wie von den deskriptiv-nomologischen Naturwissenschaften unterschieden ist. Sie ist eine *Norm*wissenschaft, die nach der Bewertung von Handlungen und Regeln fragt. Dabei kann sie sich nur auf Vernunft und Erfahrung berufen. Vernunft ist aber nicht nur rein formal im Sinne der angewandten Logik zu verstehen und Erfahrung umfasst auch alltägliche und historische Erfahrungen, vor allem wenn sie von Kollektiven geteilt sind und sich in Institutionen niederschlagen. Diese Ethik ist unabhängig von Offenbarungen und Überlieferungen, die nicht von allen Menschen geteilt werden können. Aber auch von den Naturwissenschaften, insofern man aus Fakten keine Normen folgern kann. Sie muss zu den empirischen Wissenschaften passen, also etwa heute zur Evolutionstheorie, aber auch zur historischen Forschung. Daher haben alle Formen der metaphysischen Geschichtsphilosophie an Plausibilität verloren, nach der historische Verläufe durch Heilsgeschichte oder notwendigen Fortschritt gekennzeichnet sind und einem Endzustand zustreben. Die moderne Ethik muss sich daher der Gleichzeitigkeit einer Pluralität von Kulturen und Weltanschauungen stellen. Sie ist aber auch selber plural: Es gibt in der Ethik verschiedene diskutable Ansätze und „Schulen", allerdings im Rahmen des „moralischen Standpunkts" eines wohlwollend-unparteiischen Beobachters.

2. Herausforderungen der wissenschaftlich-technischen Moderne für die Ethik

Ich greife im Folgenden beispielhaft einige der heute aktuellen wissenschaftlich-technischen Entwicklungen heraus. Dabei beschränke ich mich auf die Beschleunigung der Kommunikation und Mobilität einerseits (1) und die tiefgreifenden Naturveränderungen andererseits (2). Im letzten Teil gehe ich etwas ausführlicher auf die Probleme der Bioethik ein (3).

Die Tendenzen und Resultate der wissenschaftlich-technischen Entwicklungen, die unsere Lebenswelt am stärksten verändern, liegen gegenwärtig zweifellos auf dem Gebiet der Informations- und Kommunikationstechnik sowie der Biotechnik. Damit soll kein Urteil über wissenschaftliche Leistungen in der Grundlagen- und Anwendungsforschung anderer Gebiete gefällt werden. Es soll auch die Bedeutung etwa der Energietechnik, der Synthese von Kunststoffen usw. nicht geschmälert werden. Ihre Wirkung auf unser alltägliches Leben hält aber schon seit längerem an. Zu den beherrschenden Faktoren der modernen wissenschaftlich-technischen Entwicklung gehört sicher auch die Medizin, in der die Errungenschaften der verschiedensten Wissenschaften und Techniken gebündelt und auf den Menschen angewandt werden.

Die Auswirkungen dieser Entwicklung kann man nicht in wenigen Sätzen zusammenfassen. Ich möchte hier nur auf zwei für die Ethik besonders wichtige Tendenzen eingehen.

a) Die moderne Kommunikations- und Verkehrstechnik hat zu einer Mobilität und einem Austausch von Informationen geführt, der die Gültigkeit von regionalen Werttraditionen unter enormen Rechtfertigungsdruck setzt. Schon im 18. Jahrhundert waren die Berichte über fremde Kulturen unter den wichtigsten Faktoren der Relativierung und der internen Kritik der christlich-europäischen Tradition – man denke an Montesquieu, Voltaire oder Rousseau. Heute sehen sich aber nicht nur einzelne Philosophen durch die Sitten fremder Völker zur Selbstkritik herausgefordert. Jeder Tourist und Fernsehkonsument kann sich über die Religionen, Sitten und Rechtsordnungen fremder Völker unterrichten. Zudem rücken sie durch Migrationen in die hoch-technisierten Länder enger aneinander.

Der völkerrechtliche und zunehmend auch privatrechtliche Rahmen, den der Austausch von Waren und Informationen in der ganzen Welt voraussetzt, hat überdies zu einer Angleichung oder zumindest zu einer Auseinandersetzung über das richtige Recht und die richtige Moral auf der ganzen Erde geführt. Wir erleben derzeit die Auseinandersetzungen über ein internationales Strafrecht und über weltweite humanitäre oder anti-terroristische Interventionen. Auch über die ethischen und rechtlichen Prinzipien im Umgang mit der Medizin und der Biotechnologie wird in einer Weltöffentlichkeit diskutiert. Da wir von der Gleichheit der menschlichen Vernunft und einiger Basisemotionen ausgehen, kann es Deutschen nicht gleichgültig sein, was Amerikaner und Japaner über das Klonen oder die Embryonenforschung denken. Noch stärker wird die Herausforderung durch andere Normen in einem zusammenwachsenden politischen und rechtlichen Raum wie etwa Europa.

Mobilität und Kommunikativität der modernen Gesellschaft haben zur Erschütterung fragloser Traditionen und Tabus geführt. Sie haben das Bewusstsein des Wandels unserer moralischen und juridischen Normen verschärft und zum Entstehen einer multikulturellen und pluralistischen Gesellschaft beigetragen. Diese fordert auf der einen Seite weltanschauungsneutrale Regeln, auf die sich alle einigen können. Auf der anderen Seite macht sie die Relativität und die Möglichkeit von Alternativen zu bestehenden Normen deutlich.

Daraus entstehen für die Ethik grundsätzliche Fragen nach der Konventionalität von Normen. „Machen" wir die Ethik, so wie wir durch Mehrheitsentscheidung Gesetze machen, oder gibt es Werte und Prinzipien, die von Meinungsbildungen und Wertewandel unabhängig sind? Für beide Thesen gibt es starke Argumente: Es ist unbestreitbar, dass Mehrheiten in ethischen Fragen irren können und dass Wertewandel einen Wertverlust, eine Verrohung und Barbarisierung der Gesellschaft bedeuten können. Umgekehrt ist es aber auch klar, dass viele unserer Grundrechte und ethischen Prinzipien Resultat sozialer und historischer Prozesse sind. Die normative Gleichheit der Menschen aller Rassen und Geschlechter ist Resultat eines teils unbewussten, teils bewussten Wertewandels. Das Gleiche gilt für den Umgang mit der Sexualität, der Reproduktion oder der Behinderung. Auch die Inhalte zahlreicher Grundrechte lassen sich plausibler als Resultat historischer Erfahrung, denn als Deduktionen aus reiner Vernunft verstehen. Sie können aber begründet werden mit Theorien, die nicht nur auf grundlegende Werterfahrungen, sondern auch auf anthropologische Eigenschaften und Fähigkeiten rekurrieren – wie Selbstbewusstsein und Empathie, Selbstbestimmung und das Verlangen nach Anerkennung.

Die Technisierung von Mobilität und Kommunikation verlangt also nach einer Reflexion auf Grundlagen der Ethik. Die Techniken und ihre sozialen Folgen werfen aber auch konkrete Probleme auf, denen sich die angewandte Ethik stellen muss. Zweifellos gibt es bedeutende normative Probleme im Bereich der Informationstechnologie, etwa beim Datenschutz oder den Fragen des geistigen Eigentums. Mit ihnen beschäftigt sich die angewandte Ethik als Informationsethik. Es stellen sich aber auch wirtschaftsethische Probleme einer „suchterzeugenden" Werbung und eines zeitlich und räumlich unbegrenzten Marktes. Auf diese konkreten ethischen und rechtlichen Probleme kann ich hier nicht eingehen.

b) Die zweite für die ethische Orientierung folgenreiche Tendenz der modernen wissenschaftlich-technischen Entwicklung ist der sprunghafte Anstieg der Eingriffsmöglichkeit in das Leben durch die Biotechnologie und die moderne Medizin. Die Biotechnologie stellt eine enorme Beschleunigung und einen ebenso bedeutenden Genauigkeitszuwachs in der Züchtung dar. Die Anpassung des pflanzlichen und tierischen Lebens an menschliche Bedürfnisse und Wünsche – etwa in den Klonierungstechniken – wird dadurch in ganz anderen zeitlichen und qualitativen Dimensionen realisierbar. Für das sich verbreitende technische Bewusstsein wird die Natur dabei insgesamt zu einem bloßen Material menschlichen Genusses bzw. Erlebens. Es stellen sich also Fragen nach den Grenzen und nach den Zielen der Naturbeherrschung.

Die vormoderne Ethik hat aus der natürlichen Ordnung selbst Maßstäbe entnommen. Die „Scala naturae", die Stufenleiter alles Seienden und die immanente Bestimmung, das Telos der natürlichen Entwicklungen waren die Quellen des Naturrechts. Die moderne Wissenschaft verfährt aber nicht mehr teleologisch, sie erklärt Entwicklungen nicht mehr von ihrem Ziel her. Kausalerklärungen beruhen nur auf der regelmäßigen Abfolge von Ausgangs- und Folgezuständen – aristotelisch gesprochen auf Wirk- und Materialursachen. Solche Prozesse sind wertfrei und enthalten keine Ziele und Normen. Zudem wird durch die moderne Wissenschaft die Natur zunehmend gradualisiert. Die Grenzen zwischen ihren Stufen werden bei dem Vordringen der Wissenschaften in immer kleinere räumliche und zeitliche Strukturen zunehmend fließender. Das gilt für natürliche Arten, für Normalität und Abweichung, aber auch für die Anfangs- und Endpunkte von Prozessen – etwa zwischen Leben und Tod. Die Wissenschaft gibt der sozialen Praxis von sich her immer weniger objektive, dauerhaft gültige Einschnitte und Grenzen in den Prozessen des Lebens oder der Evolution vor. Die heftigen Debatten um den Anfang und das Ende des menschlichen

Lebens zeigen, dass man sich dafür nicht einfach auf die Biologie zurückziehen kann. Für die Normsetzung müssen Stufen gradueller Entwicklungen ausgezeichnet werden – Befruchtung oder Implantation, Hirntod oder Herz-Kreislauftod etc. – die sich auf bestimmte Phasen beziehen, aber nicht zwingend von ihnen erfordert werden. Sie sind oft Resultat der Erfahrung mit sozialen Praxen und Rechtsnormen. Vor der Transplantationsmedizin und der Stammzellforschung, aber auch der Emanzipation der Frau, war die Sicht auf Anfang und Ende des Lebens eine andere.

Durch die Anwendung der Biotechnologie in der Humanmedizin eröffnen sich darüber hinaus nicht nur enorme Möglichkeiten der Krankheitsbekämpfung, sondern möglicherweise eines Tages auch der Verbesserung von Leistung, Alter, Schönheit, Reproduktionsfähigkeit und anderer wünschenswerter Eigenschaften und Fähigkeiten. Damit werden die traditionellen Ziele der Medizin fragwürdig, die Heilkunst entwickelt sich in Richtung einer Technik der Körperoptimierung. Als Material für diese Technik dienen teils biochemische und sozusagen „maschinentechnische" Surrogate – bis hin zu den Minirobotern der Nanotechnologie. Zum Teil handelt es sich aber auch um das „Biomaterial" des eigenen oder fremden Körpers. Die Verwendung fremder Körperteile zur „Reparatur" des kranken Körpers hat mit der Transplantationsmedizin angefangen und setzt sich im „tissue engineering" fort, d. h. der Gewebe- und Organzüchtung aus Stammzellen. Ob es berechtigt und gut ist, dabei die Bekämpfung von Leiden und die Lebensverlängerung zu überschreiten und zu einer verbessernden Medizin überzugehen, ist eine der Grundfragen der Medizin- und Bioethik. Sie kann dabei die öffentlichen Diskussionen und Meinungsbildungen nicht ersetzen, aber die grundsätzlichen Probleme und langfristigen Optionen zum Bewusstsein bringen.

3. Probleme der modernen Bioethik

Der Bereich der Bio- und Umweltethik hat es mit den Grenzen, den Folgen und den Zielen technischer Eingriffe zu tun. Was die Menschheit in den letzten Jahrzehnten durch Krisen wieder entdecken musste, ist *Nachhaltigkeit* als Maß des kultivierenden Umgangs mit der Natur. Dabei geht es nicht nur um die drohende Erschöpfung natürlicher Ressourcen und die Schädigung von Klima und Umwelt. Auch mit den technischen Produkten ist ein nachhaltiger Umgang erforderlich. Auch sie brauchen Zeit und Raum für Entsorgung und Ersetzung, im günstigen Fall für ihre Wiederverwertung (Recycling). Es ist aber zu bezweifeln, dass Nachhaltigkeit als Orientierung für den menschlichen Umgang mit der natürlichen Welt ausreicht. Es fragt sich viel grundsätzlicher, was das langfristige Ziel des technischen Umganges mit der Natur sein soll. In der neueren Entwicklung der Biotechnik hat sich das Ziel der Naturbeherrschung, das die Technik seit dem 17. Jahrhundert leitete, gewandelt zu einem solchen der Verbesserung der Natur. „Nature is a machine to be improved", ist der Slogan mancher Techniker der synthetischen Biologie oder der „converging technologies" von Bio- und Informationstechnologien. Ethisch ist aber zu diskutieren, worin eine solche Verbesserung besteht. Weder die äußere Natur noch der menschliche Körper sind bloße Instrumente für die Erfüllung tatsächlicher und vorstellbarer Wünsche. Es ist daher nicht klar, ob „besser" wirklich eine Natur ist, die quasi stromlinienförmig an beliebige menschliche Wünsche oder Leistungen angepasst ist. Oder ein menschlicher Körper, dessen Leistungen im Blick auf Computer- und Kommunikationstechniken gesteigert werden, wie der so genannte Transhumanismus fordert.

Es genügt nicht, nach Grenzen oder gar Tabus zu fragen, die zu respektieren sind. Vielmehr sollte in der Ethik und in der öffentlichen Debatte wieder nach der „guten Verfassung" der Welt und des Menschen gefragt werden. Verbesserungen brauchen einen Maßstab des Guten für unseren Umgang mit der Natur insgesamt. Für die Vormoderne war die ewige Ordnung der Welt, die „Kosmos" oder „Schöpfung" genannt wurde, selber gut, weil sie von einer absoluten oder göttlichen Vernunft festgelegt war. *Nach* der Evolutionstheorie können Vorstellungen einer guten Natur nur ein Rahmen für die zukünftige Entwicklung sein, aus dem Aufgaben folgen.

Man kann bei der Ausarbeitung dieses Rahmens aber an die traditionellen Vorstellungen anknüpfen, auch ohne die metaphysischen Annahmen zu übernehmen. Zu diesen Wertbegriffen der Natur gehört eine Mannigfaltigkeit von Formen und Arten, die auch ohne Bezug auf menschliche Wünsche ihren Eigenwert besitzen. Sie werden heute ebenfalls allgemein wertgeschätzt. Denn zum „Weltnaturerbe" gehören Biodiversität und das Gedeihen der Lebewesen. Aber auch der Reichtum an Formen des Unbelebten, einschließlich vom Menschen selber geformter Landschaften. Die philosophische Ethik muss für eine solche Wertschätzung die Grundlagen liefern. Ich habe mich darum in meiner „Konkreten Ethik" von 2004 bemüht. Nach meiner Auffassung stützt die Evolutionstheorie diese Sichtweise sogar: Es erscheint nicht plausibel, dass die Natur erst durch das evolutionsgeschichtlich späte Auftreten des Menschen Wert und Güte erhalten hat.

Eine ähnliche Frage müssen wir in Bezug auf den menschlichen Körper stellen. Zweifellos ist es auch ethisch eine Verbesserung, Krankheiten und degenerative Prozesse zu bekämpfen. Ein Chip im Gehirn gegen Parkinson oder das eingepflanzte Herz eines Tieres, wenn es nichts als die organischen Funktionen des menschlichen ersetzt, sind keine Tabubrüche. Zweifel muss man aber hegen an der „Verbesserung" (enhancement) im Sinne der technischen Steigerung der Leistungen des menschlichen Körpers. Die Frage ist wieder die nach dem Ziel: Wollen wir den eigenen Körper und den der Nachkommen optimieren auf eine höhere Leistungsfähigkeit, wie wir sie von Maschinen kennen oder sie uns in Bezug auf mögliche Wünsche ausdenken können?

Eugenische Konzepte der Züchtung und Verbesserung des menschlichen Körpers hat es schon lange gegeben, von Platon bis zu den (pseudo)wissenschaftlichen Eugenikern des 19. und 20. Jahrhunderts. Die Menschheit hat aber mit staatlicher Eugenik im 20. Jahrhundert verheerende Erfahrungen gemacht. Nach der Entwicklung der Gentechnologie ist nun eine gezielte, zugunsten bestimmter Individuen geplante Änderung des Erbmaterials („liberale Eugenik") in den Horizont der Möglichkeiten getreten. Dabei geht es zunächst um Fragen der genetischen Auswahl und Veränderung bei der Reproduktion. Viele Biotechniker und die sie unterstützenden wirtschaftlichen und politischen Kräfte haben aber auch Verbesserungen der Gattungseigenschaften im Sinn – wenn auch nicht mehr mit Zwang, aber doch als Angebot für zukünftige reproduktive und therapeutische Entscheidungen.

Über die sozialen Folgen einer individuellen Planung der genetischen Anlagen von Nachkommen gibt es im Zusammenhang mit den Debatten über Klonierung und Keimbahntherapie eine öffentliche Diskussion. Während bislang die erblichen Veranlagungen dem Zufall zugeschrieben wurden, könnten sie im Fall der genetischen Planung in die Verantwortung der Eltern fallen. Das bringt neue Probleme des Generationenverhältnisses mit sich, die uns die bisherige Form der Fortpflanzung erspart hat. Kinder können ihren Eltern die „falsche" genetische Ausstattung vorwerfen. Außerdem wird der Besitz von günstigen Anlagen möglicherweise zum Gegenstand des Marktes. Es fragt sich, ob die Chancengleichheit aller Menschen noch gegeben ist, wenn selbst die natürliche Ausstattung von der Kaufkraft abhängt. Grundlegende Werte der Chancengleichheit und der gleichen Teilnahme an Politik und Gesetzgebung sind also auch von frei gewählter Verbesserung berührt.

Eine weitere Stufe von „enhancement", die auch in der Ethik diskutiert wird, ist das „moral enhancement", die Verbesserung moralischer Fähigkeiten. So werden zur Förderung der sozialen Harmonie biotechnische Dämpfungen der Aggressivität ins Auge gefasst. Offen bleibt dabei schon psychophysisch, wie sich das auf den menschlichen Affekthaushalt insgesamt auswirken würde. Erörtert wird auch eine im Gehirn verankerte automatische Verhinderung der Schädigung anderer. Sie könnte sogar, wie in den Phantasien einer „god machine", mit dem subjektiven Eindruck eigener Zustimmung verbunden sein. Schädigung und Schuld wäre dann nicht mehr Resultat freier Entscheidung, sondern von Defekten des Gehirns. Menschliche Freiheit ist aber offenbar mit Schuldfähigkeit und ihren Kosten verbunden. Wenn an die Stelle von Verantwortung und Strafe Reparatur und Therapie träten, wäre das kein Zuwachs an Autonomie und Freiheit. Die Hospitalisierung von Störenfrieden ist ja aus totalitären Regimes bekannt.

Zur Autonomie scheint heute auch die Selbstbestimmung über den Körper zu gehören – von der Tätowierung bis zur Geschlechtsumwandlung. Bei der Frage nach der Verbesserung der menschlichen Konstitution insgesamt stehen aber auch kollektive Güter auf dem Spiel. Bei aller Freiheit der Selbstveränderung wird ein Maß dessen benötigt, was Menschen physisch brauchen und wie man sie fördert. Ein Standard der körperlichen Beschaffenheit wird gebraucht, wenn

Politiker, Ärzte oder Erzieher an günstigen Voraussetzungen für körperliche Gesundheit und Lebenschancen mitwirken sollen. Sie müssen dafür arttypische Fähigkeiten und Bedürfnisse des Menschen im Auge haben. Ein solches Maß kann nur die bisherige Beschaffenheit des menschlichen Körpers sein, nicht ein unbestimmter Zustand möglicher Steigerung.

Auch die Menschenrechte, zu denen die freie Persönlichkeitsentwicklung ja gehört, haben es mit Eigenschaften der menschlichen Natur zu tun. Sie *folgen* aus ihr allerdings so wenig, wie sie aus einer „anthropologiefreien" Vernunft abzuleiten sind. In ihrer konkreten Form und ihrer Differenzierung und Vermehrung im Staats- und Völkerrecht entsprechen sie historisch gewandelten Ansprüchen auf Freiheit, Gleichheit und Selbstachtung. Ihre Bestätigung, gerade in den Erfahrungen ihrer fundamentalen Verletzung in totalitären Regimes, legt aber eine irreversible Geltung nahe. Sie treffen etwas, das dem Menschen grundsätzlich zusteht. Sie haben es aber nicht nur mit seiner Vernunft zu tun, sondern auch mit körperlichen Eigenschaften. Denn Menschenrechte berücksichtigen spezifische Empfindlichkeiten und Verletzbarkeiten der menschlichen Natur – wenn auch in sich wandelnden historischen Erwartungshorizonten.

Das heißt nicht, dass Rechte auf natürlichen Eigenschaften basieren. Angesichts der großen körperlichen Unterschiede zwischen Menschen kann man das Ideal der Gleichheit aller ein „kontrafaktisches", nicht-natürliches nennen. Es verlangt aber nicht die Veränderung der Natur des Menschen, sondern seiner sozialen Verhältnisse. So viele Menschen wie möglich sollten aus Lagen befreit werden, in denen schon die Erfüllung von Rechtspflichten moralischen Heroismus erfordert. Arbeitslose Jugendliche in den Ghettos moderner Mega-Cities haben es sicher schwerer, straffrei zu bleiben, als ihre Altersgenossen in gesicherten Verhältnissen. Die Verbesserung sozialer Institutionen und Wohlfahrtsbedingungen ist ein ethisches Gebot, die technische Optimierung des Menschen dagegen enthält erhebliche ethische Risiken. Die bisherige Beschaffenheit des menschlichen Körpers hat sich als Basis für Handlungen, Werterfahrungen und soziale Normen „bewährt". Alles, was das Leben der Menschen wertvoll macht, haben wir in und an diesem Körper erfahren – trotz seiner Unzulänglichkeiten. Auf ihn und seine zufälligen natürlichen Unterschiede sind die sozialen Regeln bezogen. Der menschliche Körper ist sozusagen ein „Naturerbe", das man nicht ohne weiteres und ohne Bewertung „ausschlägt".

Die wissenschaftlich-technische Moderne stellt also die Ethik vor eine doppelte Herausforderung: *Erstens* kann sie sich weder auf ein zeitloses Naturrecht oder eine notwendig fortschrittliche Geschichte stützen. Sie muss sich den Prozessen des Wertewandels und der gemeinsamen Erfahrungen der Menschheit mit Techniken und Lebensformen stellen. Richtschnur dafür ist der moralische Standpunkt des wohlwollend-unparteiischen Beobachters, aber auch Strukturmerkmale des Menschen als selbstbewusst soziales Wesen. Zu seiner Entwicklung bedarf er des Schutzes elementarer Rechte, auch der Mitbestimmung bei Gesetzen, denen er selber unterworfen ist. Er bedarf aber auch einer Kultur der Anerkennung, die individuelle und soziale Lebensformen als Bereicherung betrachtet und fördert. Auch *kulturelle* Mannigfaltigkeit gehört zu einer von allen als gut zu bejahenden Welt.

Die zweite Herausforderung besteht darin, die Ziele des technisch-wissenschaftlichen Projekts der Moderne grundsätzlich zu überprüfen. Schutz gegen Naturkatastrophen, Krankheits- und Mühsalbekämpfung sind zweifellos wertvolle Ziele. Das gilt aber nicht ebenso unbefragt für die grenzenlose Technisierung der äußeren Natur und die technische Leistungssteigerung des menschlichen Körpers. Eine ethische Rückbesinnung auf vormoderne Wertvorstellungen der Natur widerspricht der modernen Wissenschaft nicht. Zu diesen gehören Mannigfaltigkeit, Gerechtigkeit und der Reichtum an Formen, der in der natürlichen Entwicklung entsteht. Diese „Gütezeichen" sind in der wissenschaftlich-technischen Moderne erheblich gefährdet. Auch im Zeitalter von Evolution und Wertewandel können sie aber einen ethischen Rahmen für die technische Entwicklung darstellen.

Literaturverzeichnis

Siep, L. (2003): Konkrete Ethik. Grundlagen der Natur- und Kulturethik. Frankfurt am Main.

Siep, L. (2013): Die wissenschaftlich technische Moderne und ihre ethischen Folgen, in: L. Siep, *Moral und Gottesbild. Aufsätze zur konkreten Ethik 1996–2012.* Münster: Mentis, S. 371–384.

Das technische Design ethischer Standards in der Sozialen Arbeit

Christian Bauer

Abstract: In diesem Beitrag wird für die Bedeutsamkeit „sozial robusten Wissens" (S. Selke) im Kontext der sozialen Arbeit argumentiert. Angesichts der wachsenden Zahl technischer Objekte aus dem Bereich der Informations- und Kommunikationstechnologien (IKT), mit denen soziale Akteure in der Pflege konfrontiert sind, gilt es die Bedingungen für einen ethisch akzeptablen Umgang mit diesen technischen Komponenten zu bestimmen. Zu diesem Zweck wird ein Anforderungskatalog erarbeitet, dem zufolge sich ein emotional intelligentes Design daran bewährt, dass es die biographischen Besonderheiten der Akteure ins Zentrum des Gestaltungsprozesses stellt.

The technological design of ethical standards in social work
Abstract: The following contribution argues for the importance of "socially robust knowledge" (S. Selke) in the context of social work. In light of the rapidly growing influence of information and communication technology (ICT), the context of health care stands in need of an ethical reflection determining standards of acceptability. To this end, a normative catalogue is established that understands emotionally intelligent design as one that manages to pay adequate respect to the biographical specificities of the agents involved in the provision of care.

1. Smarte IKT-Standards in der Sozialen Arbeit

Heute scheint die Frage unerlässlich, wie die, vornehmlich durch verstärkten Technik- und Medieneinsatz bedingten Disruptionen in der Arbeitswelt durch robuste Strategien sozialen Verhaltens aufgefangen werden können. Mögliche Antworten auf die soziotechnischen wie sozioökonomischen Umbrüche sind auf Feldern zu finden, an die man nicht unbedingt als Erstes denkt, wenn von Sozialer Arbeit die Rede ist. In diesem Beitrag wird dafür argumentiert, auch das designspezifische Wissen mit in Rechnung zu stellen, wenn es um den Aufbau „sozial robusten Wissens"[1] geht. Dafür gibt es handfeste Gründe. Einer hört auf den Namen „Big Data". „Big Data" war Gegenstand einer öffentlichen Sitzung in der Berlin-Brandenburgischen Akademie der Wissenschaften am 23. März 2016. Im Laufe der Sitzung des dort tagenden Deutschen Ethikrates wurde klar, dass Überlegungen zum Bereich der Sozialen Arbeit und Pflege besondere Aufmerksamkeit verdienen.

Wann immer ein Mensch sich um andere ernstlich bemüht, kommt personale Verantwortung zum Tragen. Verantwortung wird groß geschrieben in der Sozialen Arbeit. Ein Berufsleben in diesem Tätigkeitsbereich bringt ein hohes Maß an ethischer Selbstverpflichtung mit sich. Je nach sozialer Organisation und kultureller Bezugsgruppe werden im Arbeitsalltag ganz unterschiedliche ethische Befähigungen abgefragt. Allgemein gilt es, Schaden, Leid und Krankheit von Personen abzuwenden, die der Fürsorge, Pflege oder Betreuung bedürftig sind. In diesem Kontext können traditionell *partikulare Ethiken* eine Rolle spielen, die mit einer religiösen Hintergrundstrahlung versehen sind. Schließlich funktioniert die „Religion der Gesellschaft" (LUHMANN 2000) als ein Transformator von negativen Erfahrungen in mythologische Narrative und in umfassende Erzählungen mit hohem symbolischen Gehalt (vgl. BRUMLIK 2016, S. 78 f). *Universalistische Ansätze* hingegen liegen in der BRD als Rechtsnorm kodifiziert vor. Alle Beteiligten dürfen sich durch den Katalog der Grundrechte (Art. 1–19 DES DEUTSCHEN GRUNDGESETZES) bestärkt fühlen. Insbesondere auf berufsethisch verpflichtende Wertorientierungen wie „Menschenwürde, Freiheit, Gleichberechtigung, Solidarität gemäß den Prinzipien des demokratischen sozialen Rechtsstaats" (DELLER/BRAKE 2014, S. 250) möchte niemand Verzicht leisten, der in sozialen Organisationen tätig ist. Zwischen Partikularismus und Universalismus vermittelnd sind auch *situative Ethiken*

---

1 Wenn Wissen „wirklich sozial robust" gemacht werden soll, dann ist damit ein Wissen gemeint, „das der Allgemeinheit zugutekommt und nicht nur bestimmten Eliten oder Ausschnitten. Das ist unter anderem Aufgabe von Ethik", meint Stefan Selke, der im Rahmen einer Diskussion vor dem Deutschen Ethikrat zum Thema „Digitale Assistenzsysteme" sprach und dem hiermit für diesen Hinweis gedankt wird; siehe dazu die Plenumsmitschrift: http://www.ethikrat.org/dateien/pdf/plenum-23-03-2016-simultanmitschrift.pdf (Zugriff am 14.08.2016).

bedeutsam. Diese Ethiken sind vor allem dann wichtig, wenn „moralische Situationen" verarbeitet werden müssen, „die durch Asymmetrie gekennzeichnet sind: das Verhältnis zu Kindern, Behinderten, debilen Alten, Koma-Patienten usw." betreffend (Böhme 2008, S. 15). In entsprechend moralisch gehaltvollen Situationen der Fürsorge haben alle Beteiligten moralische Pflichten gegeneinander und auch Pflichten sich selbst gegenüber wahrzunehmen.

Gleichwohl darf nicht übersehen werden, dass zwischen den sozialen Akteuren als Subjekten der Sorge noch ein mächtiges Drittes steht, nämlich eine wachsende Zahl technischer Objekte. Diese Objekte werden mitunter wie Fremdlinge behandelt, die in unserer von Menschen und *für* Menschen gemachten Kultur nichts zu suchen haben. Der Technikphilosoph Gilbert Simondon beschreibt die kulturell gewachsene Fehlhaltung eines Humanismus, der von der technischen Durchdringung der Lebenswelt nichts wissen möchte, wie folgt: „Die Kultur hat sich zu einem Verteidigungssystem gegen die Techniken zusammengeschlossen; diese Verteidigung stellt sich aber deshalb als Verteidigung des Menschen dar, weil sie davon ausgeht, dass die technischen Objekte keine menschliche Wirklichkeit beinhalten." (Simondon 2012, S. 9) Bedingt durch eine immer wieder anzutreffende Skepsis gegenüber Technik entsteht der beliebte Denkfehler, demnach es sich bei den Produkten der Technik nicht mit gleichem Recht um Externalisierungen menschlichen Geistes handele wie beim Singspiel oder Kuchenbacken.

Eine Aufklärung über den Sinn oder Unsinn von technischen Anwendungen in besonders sensiblen Bereichen wie denen der sozialen Fürsorgepraxis ist darum geboten. Zumal dann, wenn in den intersubjektiven Verhältnissen als Vermittelndes eine technische Komponente hinzutritt, über deren ethischen Wert nichts Genaues und Belastbares bekannt ist. Auf Grund von situativen medialen Kopplungen von Mensch und Maschine (im Englischen: Human-Machine-Interaction, kurz: HCI) ist man versucht, die Beziehung als eben keine rein menschliche zu erachten; dies bringt Verunsicherung mit sich. Damit sich dieser Eindruck nicht aufdrängt oder zumindest nicht verfestigt, wird in der Regel mit Erfahrungen und Mitteln aus dem Bereich der Ästhetik gearbeitet. Man stattet technische Anwendungen mit freundlich erscheinenden und intuitiv zu bedienenden Interfaces aus. Als intuitiv können sich jene Sachverhalte darstellen, die der menschliche Geist gleichsam mit einem Blick erfasst und bei deren Wahrnehmung nicht die Gefahr der Verwirrung oder des Befremdens entsteht. Wäre die Mehrzahl der Menschen weniger ungeübt in der Diskussion von technischen Fragen, hätte man das freundliche Design nicht nötig; ein Design, das Könnerschaft ohne Kennerschaft verspricht. Können, ohne kennen zu müssen, heißt heute, „smart" ausgestattet zu sein bzw. *smart services* in Anspruch zu nehmen. Das Adjektiv „smart" tritt heute als allfälliges Kürzel im Kontext der „Informations- und Kommunikationstechnologien"(=IKT) auf (vgl. Floridi 2015, S. 8). Idealiter dienen die IKT dem Ausbau sozialer Beziehungen in

Bereichen wie dem „Internet der Dinge", dem Cloud Computing, den Smartphone-Apps, den Tabletcomputern, Augmented Reality-Anwendungen und Touchscreens. Es ist davon auszugehen, dass in naher Zukunft diese technischen Komponenten auch auf dem Feld Sozialer Arbeit auf breiter Front zum Einsatz gelangen. Wir können uns hier nur mit einem Ausschnitt aus der Innovationssphäre der IKT befassen und uns fragen, ob und wenn ja, wie dieser Entwicklung verantwortungsbewusst begegnet werden kann.

Daher wird im Rahmen der weiteren Darstellung darauf fokussiert, wie das Verhältnis zwischen Sozialen Arbeiter_innen, ihren Schutzbefohlenen und der digitalen Technik geartet ist. Es sind die beiden Leitfragen zu stellen, (1) weshalb es Sinn ergibt, die eingesetzten digitalen Assistenzsysteme nicht nur als Organisations*mittel* zu begreifen, sondern auch als IKT-Systeme, die in sich schon bestimmte ethische Ziele und Zwecke vorgeben und (2) inwiefern die in den IKT-Systemen gespeicherten Handlungsprofile einer Ethik des guten und gelingenden Lebens in der digitalen Gesellschaft zuträglich sein können – *oder auch nicht*, etwa weil Abstriche bei der ethischen Orientierungskompetenz der sozialen Akteure erwartbar sind. Als mögliche Lösung für die hier verhandelten Fragen kann der Autor auf Optionen verweisen, die ein intelligentes Design von Information zu bieten hat. Unter „intelligent" (im Gegensatz zu „smart") werden hier Praktiken und Anwendungen verstanden, die sowohl ethischen als auch ästhetischen Ansprüchen genügen.

2. Wie das technokulturelle Bewusstsein das Technologiedesign bestimmt

Die Transformation gegenwärtiger Gesellschaften durch verstärkten IKT-Einsatz in nahezu allen Lebens- und Arbeitsbereichen bringt es mit sich, dass man das Bild eines menschenwürdigen Lebens in relativer Handlungsautonomie korrigieren muss. Es erscheint unerlässlich, gerade das Aktionsfeld der Sozialen Arbeit als ein repräsentatives Feld der sozialen Transformation näher zu beleuchten; gilt doch dieser Sektor als ethisch anspruchsvoll und zugleich als ein gefährdetes Feld, auf dem die Digitalisierung besonders tiefgreifende Veränderungen mit sich bringt.

Im oben genannten Sinn gibt es eine empfundene Diskrepanz zwischen dem tradierten sozialen Wärmeraum der Alltagskultur und der in sie eingelassenen Technokultur. Beide durchdringen einander immer stärker, was durch die kommunikative Arbeit bewerkstelligt wird, die in Social Media-Kanälen zwischen den Akteuren zirkuliert. Die Technokultur ist aber ebenso Medium der sozialen Kontrolle sowie der Berechnung menschlichen Verhaltens. Gehalten, die Beziehung zwischen Mensch und Maschine im Lichte der statthabenden Disruptionen zu beleuchten, wird man sich daran gewöhnen müssen, die Beziehung zwischen

Mensch und Maschine als eine Variante der Verknüpfung von Bewusstsein und Kultur aufzufassen. Hieran ist erst einmal die Unterscheidung von individuellem und kollektivem Bewusstsein wichtig. Denn das kollektive Bewusstsein verkörpert sich vorrangig in der Kultur. Die Kultur wiederum bietet uns Normen, Regeln und Wertorientierungen für unser Verhalten. Eben diese primär kulturellen Funktionen verkörpern sich mehr denn je in der Technologie. Allein schon deshalb scheint die Rede von der Technokultur angemessen zu sein. Die Technologie wartet mit einer Vielzahl von impliziten Normen auf, die beispielsweise in Form von algorithmisch gesteuerten Vorgaben die Weisen des intersubjektiven Kommunizierens und Informierens regulieren.

Dass es trotz fortschreitender Informatisierung und Automatisierung kulturelle Grenzziehungen gibt, die nicht umstandslos überwindbar sind, demonstrieren Beispiele aus dem Umfeld der Robotik. Für Angehörige des europäischen Kulturkreises ist es immer noch befremdlich, beispielsweise von Pflegerobotern Notiz nehmen zu müssen, die in Japans Alten- und Pflegeheimen bereits Verwendung finden. Hier bemerkt man unwillkürlich eine kulturell bedingte Kluft. Man ist in Alteuropa noch nicht so weit, die Pflege von Angehörigen der eigenen Gattung von Androiden übernommen zu sehen. Gerade dann, wenn der Roboter sehr menschenähnlich erscheint und agiert, tritt das ästhetisch-anthropologische Phänomen des sogenannten „uncanny valley"[2] in Kraft. Überaus lehrreich ist es, dass der technoid gestaltete Roboter eine höhere Akzeptanz findet als die Kopie, die dem Menschen getreu nachgebildet ist. Bevor jedoch in unseren kulturellen Breitengraden lauter über die Nutzung von Pflegerobotern nachgedacht wird, sind andere Fragen in der öffentlichen Diskussion mit Vorrang zu behandeln. Bevor man angesichts des Fachkräftemangels und des sogenannten „Pflegenotstands" die Robotik an Bord holt, ist eine nähere Betrachtung bestehenden *Technologiedesigns* wichtig. Das Design von Technologie entscheidet heutzutage mit darüber, wie soziale Akteure einen Ausgleich zwischen der situativen Fragilität des Handelns bzw. Entscheidens und der Robustheit des Verhaltens finden.[3] Wohlgemerkt, unter Design sollte besser nicht eine Weise der bloßen Oberflächengestaltung begriffen werde. Design setzt heutzutage in vielen Fällen viel tiefer in der technischen Struktur wie in der Infrastruktur unserer Alltagsverrichtungen an. Die Infrastruktur wiederum ist sowohl eine materielle als auch eine mentale Gegebenheit; man könnte auch von persönlichen wie kollektiven Einstel-

---

2 Der Ausdruck geht ursprünglich zurück auf den japanischen Robotiker Marahiro Mori; siehe http://ieeexplore. ieee.org/document/6213238/?reload=true (Zugriff am 14.08.2017).

3 Zum Konzept „sozialer Robustheit" siehe Stefan Selke, der zum Thema „Digitale Assistenzsystem im Gesundheitswesen" eigens Studien unternimmt; siehe u.a. die Plenumsmitschrift zur „Big Data"-Tagung des Deutschen Ethikrates vom 23. März 2016; siehe http://www.ethikrat.org/dateien/pdf/plenum-23-03-2016-simultanmitschrift.pdf (Zugriff am 14.08.2016)

lungen sprechen, die zu Präferenzstrukturen gerinnen. Entsprechend erwünschte mentale Infrastrukturen unter Personen und Personengruppen gezielt herauszubilden, ist eine Managementaufgabe. Damit diese Aufgabe nicht dem Verdacht des manipulativen Eingriffs in die Persönlichkeitsstrukturen von Mitarbeiter_innen anheimfällt, müssen Maximen ermittelt werden, die für eine soziale Organisation als handlungsleitend und -koordinierend allgemein verbindlich werden können; man nennt diese (günstigenfalls) gemeinsam vollzogene Arbeit am Wertekanon eines Unternehmens auch Wertemanagement.[4]

3. Lebensqualität und symbolische Prägnanz

Grundsätzlich sollte sich das Management besonders im Bereich der Pflege darauf einstimmen, was als ein *qualitativ erstrebenswertes Leben* betrachtet werden kann, und zwar insbesondere da, wo es darum geht, ein Leben in Würde, in Harmonie und seelischer Gelöstheit zu vollbringen. Der seit den 1970er-Jahren üblich gewordene Begriff der Lebensqualität verdankt „als operationalisierbares Bewertungskriterium" seine Karriere dem „medizintechnologische[n] Fortschritt, knapper werdende[n] Ressourcen" und nicht zuletzt der „Pluralisierung gesellschaftlicher Wertvorstellungen" (ACH, ANDERHEIDEN U. QUANTE 2000, S. 123). Ob die konstatierte Pluralisierung der Werte in erwartbaren Zeithorizonten weiter zunimmt oder ob nicht durch den Einsatz neuer technischer Anwendungen ganz konkrete Engführungen von Werthorizonten stattfinden, bleibt abzuwarten. Dies gilt zum Beispiel für den Einsatz digitaler Assistenzsysteme im Arbeitsalltag.

Ein Management, das sich auf den Weg macht, verstärkt E-Health und Digital-Health-Angebote zu implementieren, sollte im Rahmen eines systemorientierten Denkens erwartbare Entwicklungsprozesse antizipieren. Das Management sollte etwa durchdeklinieren, ob der in Aussicht gestellte Nutzen von digitalen Anwendungen, z. B. der Einsatz von Echtzeitanalysen, nicht auch zu ungewollten Effekten beim Zusammenspiel zwischen Mensch und Mensch führt. Dessen eingedenk sollten Handlungsziele so abgesteckt werden, dass ethische, planerische und operative Kompetenzen nicht massiv konfligieren. So ist bereits in bestehende Managementkonzepte mit einzubeziehen, dass sich durch den Einsatz des „Internets der Dinge" und anderer IKT-gestützter *devices* im Kontext Sozialer Arbeit – unter der Hand bzw. hinter

---

4 Ein ernst zu nehmendes Wertemanagement sorgt dafür, dass die Mitarbeiter_innen sich ihre eigenen weltanschaulichen Grundlagen verdeutlichen. Dadurch entsteht ein wertvoller ethischer Nährboden, der die Orientierungskompetenzen für alle Marktteilnehmer stärkt; siehe dazu die Weltanschauungsanalyse und den wirtschaftsethischen Wertekompass von Bolsinger, Harald J.: http://www.wirtschaftsethik.biz/lehre/wertemanagement/ (Zugriff am 15.08.2017).

dem Rücken der Akteure – mit großer Wahrscheinlichkeit eine allmähliche Engführung des Wertehorizontes zutragen wird. Gerade dann nämlich, wenn die Möglichkeiten zur Messung ubiquitär werden und die Methoden zur Bestimmung von (angeblicher) Lebensqualität in immer mehr Fällen greifen, werden sich wohl neue soziale Standardwerte herausstellen. Es steht zu bezweifeln, dass durch extensives Messen von Körperfunktionen die subjektiv erlebte Lebensqualität wesentlich verbessert werden kann. Eher schon unterliegt das Subjekt des Gemessen-Werdens dem Eindruck, mit aller Macht objektiven Maßstäben eines Sollzustands unterworfen zu sein, der nur noch nominell der seine oder der ihre ist. Diesem Trend sollte intellektuell und ethisch vorgebaut werden, und zwar nicht allein durch eine Anpassung des Assessments, bei dem auf die Befähigung zur wertschätzenden Gesprächsführung geachtet wird, sondern auch durch eine Ressourcenentwicklung, die die technisch-materielle Komponente mit der kulturell-ethischen vermittelt. Warum ist das notwendig – und zwar im beiderseitigen Interesse von Klient und Pflegepersonal?

Eine ethisch sensible Handlungssphäre wie die Betreuung und Pflege älterer Menschen bringt es mit sich, dass man künftig auf Grund des Mangels an Fachkräften auf technologische Unterstützung zurückgreifen wird. In diesem Zusammenhang könnten sich alle Beteiligten gemeinsam fragen, was es bedeutet, einen intelligenten Einsatz von Technologie zu machen. Technologien sind dann intelligent, wenn sie intuitiv bedienbar sind und die Intelligenz des Nutzers (auch latente Ressourcen der Kreativität) zu aktivieren verstehen. Damit die Technologie in diesem Sinne hilfreich sein kann, muss sie durch ein probates Erscheinungsbild zumindest Akzeptanz hervorrufen können. Ein Bestätigung evozierendes Erscheinungsbild sollte durch *symbolische Prägnanz* bestechen. Was der Kulturphilosoph Ernst Cassirer als Urheber dieses Begriffs als so eminent wichtig erachtet hat, ist in unserem Zusammenhang ausdrücklich hervorzuheben: „Wir führen, um den Symbolwert der sinnl[ichen] Wahrn[ehmung] zu bezeichnen[,] den Terminus der ‚Praegnanz‘ ein. Eine Wahrnehmung ist praegnant – nicht schlechthin durch ihre ‚Qualitäten‘, sondern durch den Bedeutungsgehalt, den sie in sich schliesst. Es kommt ihr neben ihrem unmittelbaren ‚Inhalt‘ eine bestimmte ‚Funktion‘ zu, einen ‚Sinnkomplex‘ als Ganzes darzustellen, zu symbolisieren, dem Bewusstsein unmittelbar als solchen gegenwärtig zu machen.“ (Cassirer 2011, S. 52)

Es geht also um die sachliche Signifikanz auf der einen Seite, die ein Zeichenzusammenhang unweigerlich aufweisen soll. Auf der anderen Seite existiert auch ein ethisches Verständnis vom Vorgang des Zeichen-Gebens, der als ein unabschließbarer Prozess der Verständigung für das Gelingen menschlichen Lebens elementar ist. Mit anderen Worten, von symbolischer Prägnanz kann dort gesprochen werden, wo ein Subjekt eine Evidenzerfahrung macht, die zugleich eine Sinnerfahrung bedeutet oder mit einschließt. Symbolische Prägnanz ist die

Erfahrung von Bedeutung – die Bedeutung des Zeichens für den Betrachter als Erfahrung eines symbolischen Gefüges, das sowohl im ästhetischen wie im ethischen Sinn gehaltvoll ist, weil es um die Darstellung eines *„Sinnkomplexes" als Ganzes* geht, den darzustellen, von dem Bestreben zeugt, substantielle Verständigung zu gewährleisten.

Die Mehrzahl der heutigen Technologien ist mit Interfaces ausgestattet, deren symbolische Prägnanz noch weiter zu optimieren ist. Man möge sich nicht von der funktionalistischen Ausdrucksweise des Optimierens irritieren lassen. Stattdessen ist ein Verständigungsprozess darüber zu starten, welche Kriterien für Personen eine Rolle spielen, die an just diesem Prozess aktiv mitwirken wollen. So könnte *ein* Optimum darin bestehen, dass man nicht weiterhin auf die vornehmlich simplifizierende bzw. comic-artige Bildsprache setzt, die heutzutage die digitale Kommunikations- und Infosphäre dominiert. Es wäre im Sinne aller Beteiligten, dass die Nutzer der neuen technokulturellen Apparate eine neue Sprache mit erwerben, eine Sprache, die eine zeitgemäße Form des Informationsdesigns (vgl. STOCKER/WEBER 2008, S. 12ff.) nutzt. Eine visuelle Grammatik ist zu entfalten, die einem zeitgemäßen Management der Sorge verpflichtet wäre. Das ist keine Angelegenheit, die man allein den Informatikern oder Wirtschaftsinformatikern überlassen sollte. Sie mögen Spezialisten für die Vernetzungs- und Leistungsprofessionalisierung sein. Aber ihre Auffassung vom Kodieren und Skripten stellt nicht unbedingt die Sprache dar, die einer Alltagsgrammatik der unhintergehbaren Subjektivität, der Caritas und der Konvivialität verpflichtet ist. Anders gesagt: Die bestehenden Diskrepanzen zwischen der sachlichen Struktur der Technokultur und der Struktur des sozialen und zwischenleiblichen Austauschs sind, wenn überhaupt, nur durch ein emotional intelligentes Informationsdesign zu überbrücken.

4. Soziale Informatik zwischen Berechnung und Beziehungsarbeit – ein Anforderungskatalog

Ein emotional intelligentes wie ethisch zuträgliches Informationsdesign ist daran zu erkennen, dass es die biographische Besonderheit des je individuellen Befindens zum Ausgangs- und Endpunkt der Reflexion auf eine angemessen erscheinende Lebensgestaltung nimmt. So sollte die emotionale, ethische und soziale Intelligenz von Akteuren beispielsweise durch ein Interface-Design bestärkt werden, in dem die personalen Informationen über den qualitativen (Gesundheits-)Zustand eines Menschen nicht in einen quantitativen Datenstrom überführt werden, der sich nur noch informatisch-numerisch kontrollieren lässt. Genau dies würde die Chance minimieren, ethisch zurechnungsfähig zu agieren: „Mitmenschlichkeit und soziale Verantwortung lassen sich jedoch nur begrenzt durch Sozialmanagement normieren. Professionelle

Beziehungsarbeit ist kaum evaluierbar und somit der unberechenbare Grundtatbestand Sozialer Arbeit." (DELLER/BRAKE 2014, S. 249) Die in dieser Aussage zu Tage tretende Kontrafaktizität steckt in dem Wort „kaum": Kaum evaluierbar ist die Einstellung und Motivation eines Menschen. Sie ist aber beeinflussbar durch die arbeitsweltlich gesetzten Rahmenbedingungen. Es ist antizipierbar, wie Menschen agieren, die in dem Bewusstsein handeln, dass ihre Aktionen durch algorithmische Steuerung und Kontrolle berechenbar gemacht werden. Sie werden, nicht zuletzt auf Grund von Vorgaben des Sozialmanagements, die wirtschaftlichen Prinzipien der Effizienz- und der Effektivitätsorientierung sukzessive übernehmen und die Beziehungsarbeit auf das aktuell notwendig erscheinende Maß herunterfahren. Vor allem werden sie das Vermögen einbüßen, auf Grund stets akuter Bewertungen Anstrengungen in die längerfristige Dimension der Beziehungsarbeit zu investieren.

Ein Bereich, in dem sich der Einsatz von Informationsdesign anbietet, ist die Dokumentation. Aus Gründen des Qualitätsmanagements bestehen Pflichten zur Dokumentation. Es wäre wünschenswert, das Pflegepersonal technikseitig besser zu schulen.[5] Dies wäre eine Aufgabe, der man durch das neu zu begründende Fach „Soziale Informatik" in der Ausbildung gerecht werden sollte. Schließlich steht zu erwarten, dass die Entwicklung des Internets der Dinge, also die vertiefte Vernetzung aller Geräte und Apparate, nicht am Pflegebereich vorüberzieht. Parallel dazu ist erwartbar, dass für immer mehr ältere Menschen Sorge getragen werden muss. Ein Teil des Managements der Sorge wird also auf technisch gestützte Systeme des Qualitätsmanagements und digitale Medien der Dokumentation übertragen werden. Entscheidend ist in diesem Kontext, dass die handelnden Personen bisher hinsichtlich der Logik der technischen Systeme und der Funktionsweise der Medien weitgehend unkundig sind. Zugleich aber sind sie einer Logik der Sorge und der Verantwortungsübernahme unterworfen. Hier ist eine eklatante Diskrepanz festzustellen: Einerseits muss eine große Verantwortung für das Wohl und Wehe von hilfsbedürftigen Menschen übernommen werden, denen durch eine oder mehrere Personen assistiert wird. Andererseits wird diese Arbeit zusehends mit Hilfe digitaler Assistenzsysteme bewältigt, technischer Hilfsmittel also, über die man nur vermeintlich Verfügungsgewalt besitzt. In Wahrheit handelt es sich um abgekapselte *black boxes*, mit deren Hilfe man mehr oder minder *dilettiert*.

Kurzum: Hier wird dafür plädiert, sich in der Ausbildung mehr Zeit für Fragen des menschengerechten Umgangs mit der Technologie zu nehmen. Politischer Druck muss in den Gesundheits-, Bildungs- und Kultusministerien aufgebaut werden, damit in eine extensivere und intensivere Ausbildung investiert wird. Diese Forderung erscheint in Anbetracht von verlängerten Lebensarbeitszeiten ohnehin nicht ungebührlich. Stattdessen könnten alle Beteiligten

---

5   Für diesen besonderen Hinweis danke ich Claudia Bauer, die als Diplom-Pflegewirtin tätig ist.

von einer kompetenten Nutzung der technischen Systeme profitieren. Eine Ausbildungszeit vorausgesetzt, in der sowohl die ethischen und ästhetischen Bedingungen gelingender sozialer Pflegepraxis thematisiert werden als auch in der Sozialen Informatik explorativ die technischen Facetten der Arbeitspraxis verstanden werden können, steht der grundsätzliche Nutzen der IKT vollständig außer Frage.[6] Ist die Schulung (ob in der Ausbildung oder in der fachlichen Weiterbildung) allerdings nicht gegeben, können sich soziale Dysfunktionalitäten einschleichen. Dies kann nicht im Interesse eines Managements liegen, das *holistisch* verfährt. Ein holistischer Managementprozess ist daran zu erkennen, dass er auch Folgekosten, externalisierte Kosten und auch *ethische Kosten* in Betracht zieht. Dass kostenseitig die mangelhafte Implementierung von EDV-Programmen zu Buche schlagen kann, da etwa eine neu eingeführte Software die zu realisierenden Arbeitsbedingungen nicht angemessen abbildet, muss in der Planung (ggfs. durch Rückstellungen) berücksichtigt werden. Wird dagegen im strategischen Management der Planungsfiktion gehuldigt, Arbeitshandlungen könnten beliebig an die Gegebenheiten einer neuen Software angepasst werden, muss damit gerechnet werden, dass sich die Realität am blindem Glauben an die Segnungen der Software rächt.

Die Humanisierung der Arbeitswelt kann nur dann gelingen, wenn verständlicher wird, nach welchen Maßgaben die Programmierung von Assistenzsystemen stattfindet. Ein unverstandenes Operieren mit technischen Systemen ist im Grunde auch eine Form der Entwürdigung, die eine Mehrzahl von Arbeitnehmer_innen bereits verinnerlicht hat. Wenn in erwartbaren Horizonten, aus vornehmlich pragmatischen Erwägungen heraus auf die Wirtschaftlichkeit der Sozialen Arbeit gedrungen wird und deshalb die wachsenden technischen Kapazitäten zur Rationalisierung von Arbeitsprozessen genutzt werden, sollte im selben Atemzug darüber nachgedacht werden, wie die Interaktion zwischen Menschen und Maschinen geartet sein kann, damit diese weder zu Lasten der zu betreuenden Personen und deren primären Bedürfnisse geht noch zur schleichenden Entwertung der Tätigkeit des Betreuungspersonals führt.

---

6 In der BRD existiert eine Fachdisziplin mit der Bezeichnung Sozialinformatik; siehe dazu Kreidenweis, Helmut: *Lehrbuch Sozialinformatik* (=Studienkurs Management in der Sozialwirtschaft, hg. v. Armin Wöhrle), Baden-Baden 2012. In Abgrenzung davon ist mit *Soziale Informatik* eine Disziplin gemeint, die erwartbare Effekte der Digitalisierung mit einer ethisch begründeten Steuerung verknüpft. Ethisch rechtfertigbare Normen sollten hierbei auch dann greifen, wenn Algorithmen in originär menschliche Lebenswelten eingreifen. Idealiter müssten Ethiker, Informatiker und Repräsentanten betroffener Berufsbilder sich im Rahmen der Sozialen Informatik wechselseitig mündiger machen; siehe dazu den Impulsvortrag „Soziale Informatik und Digitale Mündigkeit" des Autors im Rahmen einer Würzburger Ringvorlesung zum Verhältnis von „Ethik und Digitalisierung": https://vimeo.com/149350855 (Zugriff am 15.08.2017), ferner SCHWEPPENHÄUSER/BAUER 2017, S. 422 u. 460.

5. Für ein Management des Vertrauens

Die Funktion der technischen Hilfsmittel in der Sozialen Arbeit ist hauptsächlich die Kontrolle. Kontrolle über Mitarbeiter_innen auszuüben, ist angesichts von Aufgaben, die sensible Lebensbereiche anderer Menschen betrifft, unumgänglich. Ebenso unabdingbar ist die Kontrolle der Mitarbeiter_innen aus betriebswirtschaftlicher Sicht. Es besteht die Aussicht auf bessere Datenerfassung, bessere Protokollierungsmaßnahmen, bessere Qualitätskontrolle im Sinne des Managements. Der Einsatz von IKT im Bereich der Sozialen Arbeit ist also vielversprechend. Sukzessive werden formalisierbare Arbeitsabläufe algorithmisiert und in Datenpakete verwandelt. Die Verwandlung der Arbeitsvollzüge in Datenpakete wird jedoch dann problematisch, wenn im arbeitsteiligen Prozess Verantwortlichkeiten digital abgebildet und zugerechnet werden sollen. Die Messbarkeit und Durchdringungstiefe der Verhaltenseigenschaften nimmt durch den ubiquitären Einsatz digitaler Endgeräte zu. Ein digitaler Taylorismus, sprich, eine konzise Arbeitszeiterfassung und detaillierte Auskunft über die pro Zeiteinheit erbrachte Arbeitsleistung, schafft eine veränderte Arbeitsatmosphäre. Der Zuwachs an Steuerungs- und Kontrollkompetenz ist eventuell teuer erkauft, wenn er zum allmählichen Zusammenbruch eingespielter sozialer Beziehungen führt. Das Management der Sorge ohne ein Management des Vertrauens, das sich robusten sozialen Verhältnissen verdankt, kann zum Scheitern führen. Die Gründe liegen auf der Hand: 1) Weil die wechselseitige Angewiesenheit von Mitarbeiter_innen im Bereich Sozialer Arbeit sehr groß ist; 2) weil es schädlich für die Vertrauensbeziehungen untereinander ist, wenn diese nach dem Prinzip des „Teile und herrsche" durch Verlagerung von Verantwortlichkeit in digitalen Programmsphären ersetzt werden. Das Management bekommt zusehends eine unfreundliche Seite, wenn die Mitarbeiter_innen nicht wissen, nach welchen Regeln sie beobachtet und evaluiert werden; dies ist im Grunde ein Problem unseres gesamten öffentlichen wie teilprivaten Berufslebens. Man ahnt lediglich, dass die unternehmerischen Partikularinteressen sich bis in die Orientierungen der Mitarbeiter_innen fortsetzen und gewiss nicht die altruistische Grundhaltung hervorrufen, die für die herausfordernde und aufreibende Tätigkeit Sozialer Arbeit von Nöten ist.

In summa: Im Sinne eines Prozesses des wechselseitigen Einvernehmens sollte eine Unternehmenskultur gepflegt werden, in der laut über den Sinn des Einsatzes von IKT nachgedacht wird. Ein Wertemanagement sollte implementiert werden, an dem alle Mitarbeiter_innen einer sozialen Organisation mitwirken. Ferner sollten bildungspolitische Rahmenbedingungen so gesetzt werden, dass in der Aus- und Weiterbildung der Grundgedanke der Sozialen Informatik primär praktisch beleuchtet, aber auch theoretisch reflektiert wird, d. h. ganz schlicht: Die sozialen Akteure lernen etwas über das Wesen der Werkzeuge, die sie alltäglich bedienen. Sie lernen dadurch auch selbst einen praxisnahen Anforderungskatalog zu formulieren, der zu besseren Umsetzungen führt – und zwar technik- wie auch beziehungsseitig.

Literaturverzeichnis

ACH, JOHANN S./Anderheiden, Michael/Quante, Michael. *Ethik der Organtransplantation.* Erlangen 2000.

BÖHME, G. (2008): Ethik der leiblichen Existenz. Über unseren moralischen Umgang mit der eigenen Natur, Frankfurt am Main.

BOLSINGER, HARALD J.: Online-Dokument. URL: http://www.wirtschaftsethik.biz/lehre/wertemanagement/ (Zugriff am 15.08.2017).

BRUMLIK, M. (2016): „Fundamentalismus und Soziale Arbeit", in: Sozialarbeit und Religion. Herausforderungen und Antworten (=Grundlagentexte Soziale Berufe), hg. v. Ronald Lutz u. Doron Kiesel, Weinheim, S. 78–89.

CASSIRER, E. (2011): Symbolische Prägnanz, Ausdrucksphänomen und „Wiener Kreis" (=Nachgelassene Manuskripte und Texte, Bd. 4), hg. v. Christian Möckel, Hamburg.

DELLER, U./Brake, R. (2014): Soziale Arbeit. Grundlagen für Theorie und Praxis, Opladen/Toronto.

FLORIDI, L. (2015): Die 4. Revolution. Wie die Infosphäre unser Leben verändert, Berlin.

KREIDEWEIS, HELMUT: Lehrbuch Sozialinformatik (=Studienkurs Management in der Sozialwirtschaft, hg. v. Armin Wöhrle), Baden-Baden 2012.

MORI, MARAHIRO: Online-Dokument. URL: http://ieeexplore.ieee.org/document/6213238/?reload=true (Zugriff am 14.08.2017).

LUHMANN, N. (2000): Die Religion der Gesellschaft, hg. v. André Kieserling, Frankfurt am Main.

SCHWEPPENHÄUSER, G./BAUER, C. (2017): Ethik im Kommunikationsdesign. Verständigung, Verantwortung und Orientierung als Kriterien visueller Gestaltung, Würzburg.

SELKE, STEFAN (2016): „Digitale Assistenzsysteme". Online-Dokument. URL: http://www.ethikrat.org/dateien/pdf/plenum-23-03-2016-simultanmitschrift.pdf (Zugriff am 14.08.2016).

SIMONDON, G. (2012): Die Existenzweise technischer Objekte, Zürich.

STOCKER, K./WEBER, W. (2008): „Kontext: Design", in: Kompendium Informationsdesign, hg. v. Wibke Weber, Berlin/Heidelberg, S. 4–21.

Die Autor(inn)en

CHRISTOPH ANTWEILER, PROF. DR. PHIL., DIPL. GEOL.
Studium der Geologie-Paläontologie und Ethnologie an der Universität zu Köln, ist Professor für Südostasienwissenschaft an der Universität Bonn. Zu seinen Forschungsgebieten gehören Kognition, Urbanität, lokales Wissen und pankulturelle Kulturmuster; regional Südostasien, insbesondere Indonesien.
Email: *christoph.antweiler@uni-bonn.de*

CHRISTIAN BAUER, DR. PHIL., M.A.
Studium der Dt. Philologie, Philosophie und Politikwissenschaft an der Universität zu Köln, z. Zt. wissenschaftlicher Mitarbeiter an der HAW Würzburg-Schweinfurt, Fakultät Gestaltung; soeben erschienen (mit Gerhard Schweppenhäuser): Ethik im Kommunikationsdesign. Verständigung, Verantwortung und Orientierung als Kriterien visueller Gestaltung, Würzburg 2017.
Email: *christian.alexander.bauer@fhws.de*

SVEN ELTER, DIPL.-JUR.
Studium der Rechtswissenschaft an der Julius-Maximilians-Universität Würzburg, war wissenschaftlicher Mitarbeiter an der Forschungsstelle RobotRecht am Lehrstuhl für Strafrecht, Strafprozessrecht, Rechtstheorie, Informationsrecht und Rechtsinformatik bei Prof. Dr. Dr. Hilgendorf und wissenschaftlicher Mitarbeiter in der Kanzlei Bird & Bird LLP. Derzeit Rechtsreferendar im Bezirk des Oberlandesgerichts Bamberg.
Email: *sven.hoe.elter@gmail.com*

MATTHIAS HERRGEN, DR. PHIL., M.A.
Studium der Anthropologie, Philosophie und Soziologie an der Johannes Gutenberg-Universität, Mainz, zuletzt Mitarbeiter an den Philosophischen Seminaren der Bergischen Universität Wuppertal und der Westfälischen Wilhelms-Universität Münster. Herausgeber des Jahrbuchs Interdisziplinäre Anthropologie (Springer).
Email: *matthias@herrgen.net*

MARTINA HESSLER, PROF. DR.
seit 2010 Professorin für Neuere Sozial-, Wirtschafts- und Technikgeschichte an der Helmut-Schmidt-Universität Hamburg. Ihre Forschungsschwerpunkte liegen in der Technikgeschichte des 20. Jahrhunderts, der Historischen Technikanthropologie und den Mensch-Maschine-Verhältnissen seit der Frühen Neuzeit.
Email: *mhessler@hsu-hh.de*

NADINE MOOREN, DR. PHIL.
Studium der Philosophie, Anglistik und Klassischen Literaturwissenschaften an der Universität zu Köln, ist wissenschaftliche Mitarbeiterin am Philosophischen Seminar der Westfälischen Wilhelms-Universität in Münster. Zu den Forschungsgebieten gehören Fragen der Angewandten Ethik (Technikethik, Klimaethik), der philosophischen Anthropologie und der Philosophie des Alters.
Email: *nadine.mooren@uni-muenster.de*

GREGOR SCHIEMANN, PROF. DR.
Nach einer Werkzeugmacherlehre Studium des Maschinenbaus, der Physik, der Biophysik und der Philosophie in Kaiserslautern, Wien, Zürich und Darmstadt, ist Professor für Philosophie an der Bergischen Universität in Wuppertal. Seine Forschungsschwerpunkte liegen in der Wissenschaftsphilosophie, Geschichte der Wissenschaften und Philosophie sowie Naturphilosophie.
Email: *schiemann@uni-wuppertal.de*

LUDWIG SIEP, PROF. DR. PHIL. EM.
Studium der Philosophie, Germanistik, Geschichte und Politischen Wissenschaft an den Universitäten Köln und Freiburg. Promotion und Habilitation an der Universität Freiburg. Professor der Philosophie an den Universitäten Duisburg und Münster, derzeit Seniorprofessor am Exzellenzcluster Religion und Politik der Universität Münster. Zu den Forschungsgebieten gehören Angewandte Ethik, Bio- und Medizinethik.
Email: *siep@uni-muenster.de*

JOHANNES WEYER, DR. PHIL.

Promotion 1984 in Soziologie und Politikwissenschaft an der Philipps-Universität Marburg, Habilitation 1991 in Wissenschaftssoziologie an der Universität Bielefeld. Seit 2002 Professor für Techniksoziologie an der TU Dortmund. Forschungsgebiete: Mensch-Maschine-Interaktion, Steuerung komplexer Systeme, Digitale Gesellschaft, Agentenbasierte Modellierung und Simulation.

Email: *johannes.weyer@tu-dortmund.de*